Matthias Euler-Rolle
Die Liebe ist's allein
MOZART – Der Roman

Matthias Euler-Rolle

Die Liebe ist's allein

MOZART – Der Roman

 **Edition Platin**

@MOZARTBOOK

Instagram   www.mozart-der-roman.at

Impressum
ISBN 978-3-903538-04-7

Alle Urheberrechte, insbesondere das Recht der Vervielfältigung, Verbreitung und öffentliche Wiedergabe in jeder Form, einschließlich einer Verwertung in elektronischen Medien, der reprografischen Vervielfältigung, einer digitalen Verbreitung und der Aufnahme in Datenbanken, sind ausdrücklich vorbehalten.

Covergestaltung: Martin Morauf
Coverbild: Sabine Wiedenhofer
Satz: Martin Spiegelhofer
Korrektorat: Philipp Rissel
Copyright © 2024 by Buchverlag Edition Platin GmbH,
Neustift am Walde 58/1, 1190 Wien
Druck: Druckerei Berger, Horn
7 6 5 4 3 2 1

www.edition-platin.at

„Für das Genie in dir."

Kapitel 1

»Sie schamloser Halunke. Sie liderlicher Hund. In meinem ganzen Leben bin ich noch keinem so frechen Kerl wie ihm begegnet!«

Der Salzburger Erzbischof brüllt den einundzwanzigjährigen Wolfgang Amadé Mozart an. Seine Stimme überschlägt sich: »Ich möchte mit ihm nichts mehr zu tun haben. Hinaus mit ihm!«

Mozart spürt seinen Puls an den Schläfen pochen. Unter seiner Perücke laufen ihm Schweißperlen herab. Es ist der Augenblick, nicht länger als ein Wimpernschlag, in dem in ihm die Metamorphose vom Kind zum Mann stattfindet. Der gesenkte Blick erhebt sich, die hinter dem Rücken in sich verschlungenen Hände verkrampfen, Fingernägel vergraben sich in die Haut. Ein tiefer Atemzug noch, bis sich alles auflöst und der eben eingeatmete Lufthauch des unterdrückten Kindes denselben Körper mit der Geschwindigkeit eines Tornados verlässt:

»Und ich will mit Euch auch nichts mehr zu tun haben. Ich freue mich, Ihnen in den nächsten Tagen mein Kündigungsschreiben zu überbringen.« Das Wasser steigt. Der Scirocco und die Flut haben das Meer in die Lagune Venedigs getrieben. Der Richter schlägt mit dem Hammer auf sein Pult.

»Sie sind schuldig, die herrschende Gesellschaftsordnung öffentlich infrage gestellt und wiederholt Unzucht mit einer verheirateten Frau betrieben zu haben. Sie sind eine Gefahr für unser Land. Ich verurteile Sie, Lorenzo Da Ponte, zu fünfzehn Jahren Verbannung aus Venedig.«

Das Urteil wird sofort vollstreckt, Da Ponte soll keine Möglichkeit mehr haben, sich zu verabschieden. Er hatte nicht viel gegessen in den vergangenen Wochen. Sein zarter Körper scheint in dem ohnehin etwas großen Gehrock zu verschwinden. Lorenzo Da Ponte wird abgeführt. Ein Lächeln erstrahlt auf seinem Gesicht. Es war das – von den erwartbaren Möglichkeiten – beste Urteil.

Noch kennen die beiden Männer einander nicht, sie eint in diesem Moment nur ein Gefühl absoluter Freiheit und Freude, noch einmal ganz von vorne anfangen zu dürfen. Die monatelange Angst des Unterdrückten vor diesem einen Moment, den er unbewusst ersehnt, vor allem aber gefürchtet und innerlich heraufbeschworen hat, löst sich in jungfräulicher Lebenslust auf. Wolfgang Amadé Mozart, der herumgereichte Kinderstar, der niemals Kind war, hat mehr Zeit seines Lebens in Kutschen auf Reisen verbracht als irgendwo anders. An königlichen und kaiserlichen Höfen in ganz Europa hat man ihn als Wunderkind vorgeführt; vom Vater wurde er zu Selbstbeherrschung, Disziplin und Unterwürfigkeit erzogen. Es war auch die Hoffnung des Vaters auf Ansehen und Absicherung, die Wolfgang mit diesen zwei Sätzen über den Haufen wirft.

Lorenzo Da Ponte ist katholischer Priester, Lehrer am Kollegium und hat eine Affäre mit einer verheirateten Frau, die noch dazu ein Kind von ihm erwartet. Zu viel für einen Mann dieser Zeit, sogar in Italien. Das Urteil der Verbannung aus Venedig ist besser als der Kerker. Ein letztes Mal lässt er sich von einer Gondel durch das pechschwarze Wasser der Lagune rudern. Die schwach schimmernde Laterne am Bug des Bootes zittert auf der spiegelglatten Wasserfläche, vorbei an den Palazzi, bis die Lagune seichter und seichter wird und irgendwann im Sand verendet. Dort, wo das Meer zu Ende ist, wartet eine Kutsche auf ihn. »Wien ist auch eine schöne Stadt, höre ich!«, ruft ihm der Gondoliere zu.

Silvester in der Habsburgerstadt. Die Wiener Gesellschaft feiert den Jahreswechsel. Wolfgang Amadé Mozart ist Mittelpunkt der Party und wird immer wieder aufgefordert, einige seiner neuesten Kompositionen zum Besten zu geben. Er ist jetzt ein freier Mann. Mozart komponiert, spielt Konzerte und bekommt dafür Gulden und Dukaten. Seine Ehefrau Constanze sitzt, beobachtet die Runde leicht abwesend und streichelt ihren kugelrunden Babybauch.

Ihre Schwester, Aloisia Weber, Mozarts schöne Jugendliebe und Schwägerin, die inzwischen eine angesehene Sopranistin geworden ist, beugt sich von hinten über den Pianisten. Ihr Körper berührt sein Schulterblatt, sie atmet tief ein, er fühlt einen Hauch ihrer Brust, dabei haucht sie ihm ins Ohr: »Wolferl, ich glaube, es ist Zeit für eine Pause. Ich warte im Nebenzimmer auf dich.«

Überrascht dreht er sich zu ihr. Ihre Blicke treffen sich gerade so lange, dass das Publikum nicht auf die beiden aufmerksam wird. Einzig ihr Ehemann, der abseits der Gruppe steht, beobachtet die Szene.

Mozart folgt der schönen und von allen Männern der Stadt begehrten Sängerin in den nächsten Salon, wo sie hinter der Tür auf ihn wartet. In dem Moment, in dem er den Raum betritt, fällt sie ihm in die Arme. Sie sprechen kein Wort. Sie küssen sich leidenschaftlich, bis ihr Ehemann in den Raum stürmt, die beiden auseinanderreißt und die Hand gegen seine Frau erhebt: »Was fällt dir ein? Du lausiges Miststück! Das ist dein Schwager!«

Schon erscheint die gesamte Partygesellschaft im Rahmen der schweren Flügeltür und beobachtet die Szene. Wenn ein Skandal passiert, muss man dabei sein. Einer der Gäste tritt aus der Gruppe hervor, hält den Ehemann zurück und spricht: »Moment, Moment – in der Oper wartet man auf seinen Einsatz, mein Herr.« Der Gatte befreit sich hastig aus dem Griff: »Wer sind Sie überhaupt? Welche Oper? Und warum mischen Sie

9

sich in fremde Angelegenheiten ein?« Worauf sich der schlaksige junge Mann mit den Worten »Gestatten, Da Ponte, Lorenzo Da Ponte, Librettist am Hof« vorstellt.

»Die Situation, die wir hier erleben, ist ausgesprochen bizarr. Durchaus lebhaft. Das ist gut, denn ein gutes Theaterstück braucht Tempo. Allerdings, hochverehrtes Publikum, muss alles Schritt für Schritt geschehen. Wir haben hier heute eine kleine Einlage für Sie vorbereitet, die Sie, wertes Publikum, Teil eines Theaterstücks werden lässt. Alle wissen es, nur nicht der Hauptdarsteller, der Ehemann. Tatsächlich glaubt er, diese Situation wäre real.« Der Mann blickt verunsichert in die Runde. Er hat den Überblick verloren. Da Ponte spricht jetzt immer schneller, um die allgemeine Verwirrung weiter voranzutreiben: »Wir erleben die Basis einer guten Geschichte. Die Eifersucht. Der in flagranti ertappte Liebhaber, die untreue Ehefrau. Gedanken, die jeder von uns schon einmal hatte. Dinge, die wir uns zumindest schon mal vorgestellt, wenn nicht gar schon in unterschiedlichen Rollen erlebt haben. Das erzeugt Nähe. Dinge, die wir kennen. Und wir haben – auch das braucht eine gute Geschichte – einen Dummen. Einen, der alles nicht versteht. Es ist: der eifersüchtige Ehemann.«

Die Silvestergesellschaft bricht in Gelächter aus. Da Ponte fährt fort: »Seien Sie nicht böse. Das hätte jedem von uns passieren können. All das hat es doch gar nicht gegeben. Wir haben Ihre Rolle geplant und vorhergesagt, Sie haben sie genauso gespielt, wie wir es erwartet hatten. Applaus für unseren Ehemann!«

Das Publikum klatscht, er lächelt unsicher und verbeugt sich. »Man muss Szenen schreiben, deren Folgen man bereits im Vorfeld einkalkuliert hat, mein Herr«, sagt Da Ponte, »das ist die Aufgabe des Librettisten.« Nun lacht auch Aloisia Weber, applaudiert ihrem Ehemann und verbeugt sich mit ihm.

Mozart geht zu seiner Frau, wirft ihr einen unsicheren Blick zu, um herauszufinden, ob auch sie der Inszenierung Da Pontes Glauben schenkt. Leicht skeptisch legt sie ihren Kopf zur Seite und sieht ihren Mann prüfend an. Wolfgang zuckt nur mit den Schultern, hebt beide Arme an und grinst. Dann gibt er ihr einen Kuss auf die Stirn, nimmt sie an der Hand, geht mir ihr nach Hause und in ein neues Jahr ihres gemeinsamen Lebens.

Kapitel 2

»Sie? Sie sind der berühmte Herr Mozart? Maria! Mädchen! Kommt!!« Im kleinen Straßenlokal des Notenkopisten Fridolin Weber in Mannheim stapeln sich staubige Papiere, abgegriffene Notenblätter und aufgeschlagene Bücher. Der Schein dreier – fast abgebrannter – Kerzen kämpft gegen die früh einsetzende Dämmerung dieses Winternachmittags.

Der einundzwanzigjährige Mozart steht noch immer im Eingangsbereich des kleinen Lokals und hält einen Stoß Notenblätter in der Hand. Die Frau des Kopisten, Maria und ihre vier Töchter Josepha, Aloisia, Constanze und Sophie kommen aus dem ersten Stock, stehen auf der Wendeltreppe und schauen auf die beiden herab.

»Das ist der berühmte Salzburger Komponist Wolfgang Amadé Mozart«, dann ihm zugewandt: »Meine Frau und meine vier Töchter. Es wäre uns eine unsagbare Ehre, Sie heute zum Abendessen in unsere bescheidene Stube bitten zu dürfen. Und … für Sie, lieber Herr Mozart, kann ich selbstverständlich die Notenblätter schon bis morgen fertigstellen. Ich werde die ganze Nacht hindurch schreiben.«

Wolfgang, die Augen noch immer auf die schöne Aloisia gerichtet, drückt dem kleingewachsenen, verschnupften Kopisten – ohne ihn eines Blickes zu würdigen – im Vorbeigehen seine Noten in die Hand und schreitet zu der hinter ihm stehenden Wendeltreppe, auf der die Familie steht, aufgereiht wie Orgelpfeifen. Er verbeugt sich vor der Mutter, die auf dem Treppenabsatz wartet, dann vor der ältesten Tochter Josepha. Die Zweitälteste, Aloisia, steht einige Stufen höher, weshalb Mozart mit einem Knarzen den Holzstuhl des Kopisten über den Bretterboden zieht und darauf steigt, damit er groß genug ist, um sich vor Aloisia verbeugen zu können und ihr die Hand zu küssen.

Mozart sitzt zwischen den beiden älteren Töchtern bei Tisch. Die Jüngeren wurden zu Bett geschickt. Er bedankt sich für das Mahl. Fridolin Weber bittet seinen Gast an den Flügel. Mozart zwinkert der Sechzehnjährigen zu: »Nun gut, du kleines Engelsgeschöpf. Du singst, was auch immer du möchtest, und ich begleite dich.«

Er legt seine kleinen Hände auf die Tasten des Klaviers und fixiert das goldgelockte Mädchen. Es atmet ein, zart wölbt sich ihr Unterbauch nach außen, kurz bevor er sich, mit dem ersten Ton, den sie von sich gibt, ruckartig zusammenzieht. Kraftvoll und klar, stark und zeitgleich zart, verlassen die ersten Klänge ihren Körper.

Es dauert. Fünf, sechs, sieben Töne singt Aloisa, bis sich Mozarts Hände auch ihrer Aufgabe besinnen und beginnen, sie am Klavier zu begleiten.

Nach wenigen Minuten wandert ihre Atmung wieder von der untersten, tiefsten Stelle ihres Bauches hinauf in die Brust, die Lippen schließen sich, und Mozarts Hände erheben sich von der Klaviatur. Alle Blicke sind ihm zugewandt. Er sagt kein Wort. Wolfgang Amadé Mozart steht auf, streicht mit einer forschen Bewegung die Falten an seinem Rock gerade und sagt: »Ich muss gehen.«

Fridolin Weber hilft ihm in seinen Mantel und ist etwas verunsichert. Mozart zeigt noch immer keine Reaktion. Dann wendet sich Wolfgang Aloisia zu: »Ich habe soeben eine Arie nur für deine Stimme komponiert. Ich bringe sie nun zu Papier, und wir sehen einander morgen wieder, du schöner Engel!« Er winkt dem Ehepaar Weber zu und verlässt das Haus in diese Winternacht.

Tag für Tag ist Wolfgang Amadé Mozart nun im Hause Weber zu Gast und verbringt Stunden über Stunden mit Aloisa am

Klavier. Zufällige Blicke und Berührungen werden immer seltener zufällig, bis nach einigen Nachmittagen, das von Anfang an Unvermeidliche nicht mehr zu vermeiden ist: Aloisia Weber und Wolfgang Amadé Mozart lieben sich. Stunden über Stunden verbringen sie zusammen und planen eine gemeinsame Zukunft. Statt, wie von seinem Vater angeordnet, mit der Mutter nach Paris zu reisen, möchte Wolfgang nun mit Aloisia und Fridolin Weber nach Italien weiterziehen, sie an Opern- und Königshäusern vorstellen, für sie komponieren und mit ihr Konzerte geben. Als die Reiseplanungen fast abgeschlossen sind, erhält Mozart einen Brief von seinem Vater:

Dein Vorschlag (und ich kann kaum schreiben, wenn ich daran denke), mit Herrn Weber und Töchtern herumzureisen, hätte mich fast um die Vernunft gebracht. Nenne mir einen großen Komponisten, der sich würdiget einen solch niederträchtigen Schritt zu tun? Fort mit dir nach Paris und das bald, setze dich großen Leuten an die Seite – aut Caesar aut nihi.

Schlaflose Nächte und endlose Diskussionen mit seiner Mutter begleiten ihn diese Tage. Ein allerletztes Mal noch befolgt der Einundzwanzigjährige den Willen seines Vaters. Er sagt Familie Weber die geplante Reise ab und fährt mit seiner Mutter nach Paris.

Erst Jahre später sollten sich Mozart und die Webers wieder begegnen.

In der Kaiserstadt. In Wien.

Kapitel 3

Zwei Männer tragen einen Flügel durch die Wiener Innenstadt. Mozart geht ihnen voran und ruft: »Weiter, weiter, schneller, schneller, ihr lahmen Esel!« In einem Straßencafé sitzt Lorenzo Da Ponte mit einer jungen, hübschen Dame. Sie beobachten die Szene, Da Ponte steht auf, tritt an Mozart heran: »Herr Mozart, welch wunderbare Situation, Sie hier zufällig zu treffen. Sie erinnern sich? Da Ponte. Lorenzo Da Ponte.«

Wolfgang bleibt stehen und lächelt ihn an: »Wie könnte ich Sie vergessen? Sie haben mir das Jahr gerettet. Ich bin Ihnen zu großem Dank verpflichtet.«

»Möchten Sie mich und meine Begleitung mit Ihrer Anwesenheit beehren?«, fragt Da Ponte und deutet auf seinen Platz im Café, wo eine junge Dame sitzt und ihnen zunickt.

»Nur wenn die Situation echt ist und es sich nachher nicht herausstellt, dass diesmal ich der Dumme bin«, hält Mozart entgegen.

»Das werden wir herausfinden.« Da Ponte zwinkert und führt ihn an seinen Tisch. Er stellt die beiden einander vor. Nancy Storace heißt die besagte Dame, sei aber unglücklicherweise mit einem gleichermaßen eifersüchtigen wie groben Ehemann verheiratet, der allerdings gegenwärtig in London weile, weil ihn der Kaiser höchstpersönlich der Stadt verwiesen habe.

Wolfgang Amadé Mozart fordert die Arbeiter auf, seinen Flügel, das einzige Klavier, auf dem er Konzerte gibt, an die angegebene Adresse zu tragen. »Es wäre das größte Glück für Frau Storace, einmal mit Maestro Mozart musizieren zu dürfen und ihm etwas vorzusingen. Sie sei eine begnadete Sopranistin«, meint Da Ponte.

»Wenn sich der Librettist also auch in dieser Szene wirklich bereits der nächsten bewusst ist, lade ich die beiden sehr gerne zu mir ein«, sagt Mozart und verabschiedet sich. Therese von Trattner sitzt am Klavier. Mozart lehnt leicht abgeschieden auf seiner Bank und schaut abwesend in die Luft. Erst einige Sekunden nachdem die Schülerin das Klavierspiel beendet hat, erwacht Mozart aus seinem Tagtraum und beginnt zu klatschen.

Sie erhebt sich vom Klavier, geht zu ihm und nimmt an seiner Seite Platz. Liebevoll blickt ihn die Ehefrau des bekannten Verlegers von Trattner an, streicht ihm über die Wange und fragt, was ihn denn so belaste. Traurig berichtet er von der Sorge um seine Frau Constanze. Seit dem Tod ihres ersten gemeinsamen Sohnes Raimund würde sie das Bett nicht mehr verlassen und den ganzen Tag nur noch weinen.

Die Mozarts bräuchten einen Neustart und ein bisschen Luftveränderung, meint von Trattner, und sie hätte dazu auch gleich eine Idee. Das Ehepaar Mozart solle doch in den von ihrem Manne erbauten Trattnerhof am Wiener Graben übersiedeln.

Eine Wohnung direkt unterhalb der ihrigen wäre frei, sie könnten dort kostenfrei logieren. Im Gegenzug solle Mozart ihr täglich Klavierunterricht geben, um ihre Fertigkeit am Instrument zu perfektionieren. Die Idee scheint zu fruchten. Wenige Wochen später blüht Constanze nach der Übersiedelung in den Trattnerhof auf. Lorenzo Da Ponte macht einen schwungvollen Rückwärts-Schritt in Richtung Hauswand, verbeugt sich, um Therese von Trattner den Weg die Treppe hinunter freizumachen.

»Meine Gnädigste, welch schicksalshafte Fügung, Euch in diesem Treppenhause zu begegnen. Ich bin Lorenzo Da Ponte. Italiener und Librettist bei Hofe und auf der Suche nach Maestro Mozart. Lebt er, wie man sagt, tatsächlich in diesem Hause?«

»Ausgesprochen charmant, Herr Librettist. Therese von Trattner, Konzertveranstalterin, Pianistin und Schülerin von Maestro

Mozart. Gleich die nächste Türe zu Ihrer Rechten.« Sie lächelt und weist ihm den Weg. Da Ponte verneigt sich, eilt die Treppe hoch und hämmert an die Tür: »Mozart, machen Sie auf!«

Da Ponte stürmt hinein, läuft an Mozart vorbei, direkt in dessen Arbeitsraum. »Wir brauchen hier frische Luft, denn das Schicksal hat uns beiden, Da Ponte und Mozart, eine Möglichkeit eröffnet. Und wie Sie wissen: Man darf im Leben alles, nur niemals eine Chance übersehen! Apropos: Charmante Nachbarin haben Sie da. Aber zunächst zur wichtigsten Frage: Welche Oper machen wir, Mozart?«

Wolfgang schließt die Türe und bittet Da Ponte, Platz zu nehmen, er aber bleibt am geöffneten Fenster stehen. »Hinsetzen! Hinsetzen! Wozu denn das? In welch großer und wichtiger Szene der Weltgeschichte wurde jemals gesessen? Ich sitze nicht. Ich lebe. Und jetzt wachen Sie endlich auf, Mozart! Die kaiserliche Hofoper am Michaelerplatz wird eröffnet, und das ursprünglich geplante Stück ist ausgefallen. Das ist unsere Chance. Ich schreibe. Sie komponieren. Wir machen unsere erste gemeinsame Oper!«

Nun springt auch Mozart von seinem Stuhl und überhäuft Da Ponte mit Fragen.

»Wann? Wo? Wie? Weshalb? Und: Wer bewirbt sich sonst noch darum? Entscheidet der Kaiser persönlich? Was sagt Rosenberg, dieser unsägliche Direktor des Theaters? Und: Bestehen die Berater seiner Majestät nicht in großen Teilen aus Freimaurern? Wen werden sie unterstützen?«

Da Ponte hebt die rechte Augenbraue und vermittelt die Sicherheit eines Wissenden.

Ja, auch Salieri bemühe sich um den Kompositionsauftrag und sei ein enger Freund Rosenbergs. Aber er, Da Ponte, genieße das höchste Vertrauen des Kaisers.

Seine Majestät schätze seinen Humor in außerordentlichem Maße. Er würde persönlich beim Kaiser vorstellig werden und ihn von der Idee einer »Mozart/Da Ponte-Oper« überzeugen. Und die Freimaurer, hält er mit einem kleinen Augenzwinkern nebenbei fest, seien für ihn kein Hindernis. Eher eine Hilfe.

Wenn dem so sei, hätte Mozart einen Vorschlag zu unterbreiten. Er selbst habe Hunderte Bücher gelesen und eine Geschichte schlechter und langweiliger als die nächste empfunden. Bis auf ein Werk, es sei in Paris ein unglaublicher Erfolg gewesen. Eine Komödie, in der sich das Bürgertum über die Privilegien des Adels hinwegsetze.

Da Ponte setzt sich endlich. Mit ernstem Blick fragt er: »Sie meinen aber hoffentlich nicht *Die Hochzeit des Figaro*, Mozart?«

»Doch! Doch! Genau darum geht es! Um einen Grafen, der dem Bräutigam Figaro das Recht auf die erste Nacht mit seiner Braut Suzanne abkaufen will. Die Bürgerlichen lehnen sich gegen den Adel auf. Eine Revolution. Ein Skandal! Mein Freund aus Salzburg, Emanuel Schikaneder, wollte es in Wien aufführen …«

»… aber der Kaiser hat es verboten!«, beendet Da Ponte den Satz.

Nun ja, das stimme, aber wahrscheinlich nur, weil es ihm sein strenger Hofstab ausgeredet habe. Sicher habe er das Buch nie zu lesen bekommen. Mozart verschränkt die Arme.

Dieses Stück werden die Wiener lieben, es wird etwas Neues, noch nie Dagewesenes sein.

Da Ponte erhebt sich von seinem Stuhl. Nachdenklich beginnt er im Raum auf- und abzugehen. Er schenkt sich Rotwein in Mozarts Glas ein, nimmt einen Schluck und setzt erneut an: »Sie meinen also, ich soll beim Kaiser vorstellig werden und ihn bitten, uns den Auftrag für eine Oper zu erteilen, deren Inhalt seine Majestät höchstpersönlich verboten hat?«

»Nun ja, das ist etwas hart, etwas zu negativ ausgedrückt, aber der Kaiser muss uns ja nicht den Auftrag erteilen. Wir machen sie einfach.« Mozart verbeugt sich.

20

Da Ponte nimmt noch einen Schluck. Er bleibt stehen und runzelt die Stirn: »Das gab es noch nie. Dass jemand einfach eine Oper ohne Auftrag macht.« Erneut wendet er sich seinem halbvollen Glas zu, setzt es an die Lippen, zieht es wieder weg und sagt: »Lassen Sie mich erst trinken, bevor ich meine Meinung ändere.« Mit einem Zug leert er das Glas, stellt es ab und sagt: »Gut. Meine Meinung ist geändert. Wir machen das.«

Kapitel 4

Dutzende Seiten bedecken den Billardtisch. In der Mitte kniet Mozart auf dem grünen Filz, die Feder führt er mit ruhiger Hand über das Blatt und schreibt Note für Note. Lorenzo Da Ponte wandert durch den Raum, um den Tisch herum, ein Stoß an Textmanuskript in den Händen. Er bleibt stehen sucht und blättert und fasst zusammen: »Hören Sie mir zu. Die Gräfin ist also seit Jahren mit Conte Almaviva verheiratet, er ist untreu – typisch für diese Adeligen – und stellt dabei zeitgleich seiner eigenen Angestellten Susanna nach. Sie möchte das aber nicht und stattdessen lieber ihren Kollegen Figaro heiraten. Deshalb plant dieser Conte das seit Jahren abgeschaffte Recht auf die erste Nacht wieder einzuführen. Und jetzt sind wir an der Stelle, an der sich seine Frau, die Gräfin, unglücklich und verlassen fühlt. Zweiter Akt. Das Lamento. Porgi Amor.«

Mozart hat nur seinen Morgenmantel an, kniet immer noch wie ein Hund auf dem Tisch, murmelt geistesabwesend: »Als wäre die erste Nacht die beste. Diese Adeligen kennen sich mit dem Banalsten nicht aus. Passiert, wenn man über Generationen immer nur mit der eignen Familie …« Da Ponte hat inzwischen die richtige Zeile seines Manuskripts gefunden und beginnt vorzutragen: »Heil'ge Quelle reiner Triebe, Gib mir wieder des Gatten Herz! Lass mich sterben, Gott der Liebe, oder lindre meinen Schmerz.«

Mit einem Satz springt Wolfgang vom Tisch, nimmt sich ein neues Blatt, hockt sich auf den Boden und lässt die Feder über das Blatt tanzen. Note für Note, Wort für Wort, ohne einen Fehler, ohne einen Tintenfleck, füllt das Papier. Da öffnet sich die Türe hinter ihm, und Nancy Storace kommt aus dem Schlafzimmer.

Sie ist eingehüllt in ein Leintuch. Neben Mozart geht sie in die Knie, legt ihren Arm um seinen Rücken, was dazu führt, dass ihr nackter Körper zum Vorschein kommt. Da Ponte schielt zu ihr. Es scheint sie nicht zu stören. Storace schaut über Wolfgangs Schulter direkt auf das Notenblatt. Sie drückt ihm einen Kuss auf den Hals, den er weder erwidert noch wahrnimmt. Mozart steht auf, geht zu seinem Klavier. Nancy wickelt sich wieder in ihr Leintuch und folgt ihm, das Notenblatt in der Hand. Er beginnt das eben Komponierte frei aus dem Gedächtnis zu spielen. Sie lehnt vor ihm am Flügel, sieht auf die Noten in ihrer Hand und singt erst zaghaft, dann mit jedem Ton sicherer die Arie der Gräfin. Mozarts Blick wandert zu den Lippen der schönen Engländerin mit der weißen, schon fast durchsichtig wirkenden Haut und bleibt dort hängen. Da Ponte beobachtet die Szene fasziniert. Als der letzte Ton verklingt, wirkt es, als wäre die Zeit eingefroren. Es ist ganz still.

»Ich störe nur ungern«, wirft Da Ponte ein, »aber Nancy, das ist nicht Ihre Rolle. Sie sind zu jung für die Gräfin. Sie singen die Susanna.«

Mozart steht auf, nimmt Da Pontes Manuskript in die eine Hand, mit der anderen zieht er sie ins Schlafzimmer. »Morgen um sieben machen wir weiter. Ich muss ihr jetzt ihre Rolle zeigen.«

Da Ponte verlässt die Wohnung, aber nicht das Haus. Anstatt die Treppen hinunter, steigt er sie hinauf und klopft an die Tür Therese von Trattners. Sie öffnet, lächelt ihn an, er tritt ein, sie kontrolliert das Treppenhaus, sieht niemand, der auch sie sehen könnte, und schließt die Tür.

»Ich liebe dich. Ich liebe dich. Ich liebe dich.« Mozart spricht jeden Satz in einer anderen Tonlage. »Aber ich werde Constanze nie verlassen. Sie ist meine Frau.«

Nancy Storaces Kopf liegt auf seiner Brust. Sie greift mit dem linken Arm hinüber zum Stoß des Textmanuskripts von Da Ponte und schließt die Augen. Eine Seite zieht sie heraus, öffnet die Augen erneut und liest laut vor: »Mittelmäßig und kriechend. Das ist der Weg zum Erfolg.« Beide lachen.

Mozart greift sich ebenso willkürlich eine Seite. »Beweisen zu wollen, dass ich recht habe, hieße zugeben, dass ich unrecht haben könnte.« Auch er lässt das Blatt vom Bett fallen, zieht sie an sich, öffnet langsam seinen Mund und sagt in gespielt ernster Miene: »Was heißt hier mittelmäßig? Und kriechend?«

Sie balgen sich so lange, bis beide aus dem Bett fallen.

Ein prunkvoller Saal, an Wänden und Säulen aufgestellte goldene Stühle. Der Blick aus den großen Fenstern lässt die prachtvoll, bis zur Gloriette hügelig ansteigenden Gärten des Schloss Schönbrunn schemenhaft erkennen. In der Mitte des Raumes steht ein Flügel, daneben ein wuchtiger Lehnstuhl, Armlehnen aus Gold, gepolstert mit rotem Samt. In einer Ecke erkennt man Umrisse eines kleinen Mannes. Vor einer Tür stehen zwei Soldaten und bewachen den Eingang. Dahinter hält seine Majestät Kaiser Joseph II. Audienz. Erst seit fünf Jahren ist der Sohn Kaiserin Maria-Theresias Oberhaupt des Hauses Habsburg-Lothringen. Heute steht sein Hoflibrettist Lorenzo Da Ponte vor ihm.

»Ihr möchtet also ein Libretto verfassen, für die Neueröffnung des Burgtheaters?«, fragt der Kaiser. »Das ist sehr erfreulich. Und welchen Kompositeur habt ihr dafür ins Auge gefasst? Salieri?«

»Eure Majestät, ich dachte eher an Wolfgang Amadé Mozart. Seine Kompositionen erfreuen durch jugendliche Frische und einen komplett neuen Klang.«

Der Kaiser beobachtet seinen Hoflibrettisten ernst und interessiert, scheint der Idee nicht abgeneigt zu sein. Nach einem Moment des Nachdenkens fällt dem Herrscher seine Assoziation zu Mozart wieder ein. »Noten. Zu viele Noten verwendet dieser Mozart. Aber sonst scheint er recht talentiert zu sein. Nun gut, uns soll es recht sein. Und an welches Stück habt ihr gedacht?«

Da Ponte schluckt, seine Augen wandern zum Fenster hinaus, um dann wieder zum Monarchen zurückzukehren. Er senkt seinen Blick.

»Nun?«, fragt der Herrscher ungeduldig. Da Ponte holt Luft und antwortet mit zittriger Stimme: »Eure Majestät, es handelt sich um ein Werk aus Paris, das dort ein unglaublicher Erfolg war. Nun ja, so manche Stellen daraus können als Kritik an den Herrschern und dem Adel aufgefasst werden, aber diese würde ich selbstverständlich entnehmen und ausschließlich den unverfänglichen Teil, die Geschichte der Liebe, der hohen Bedeutung der Familie und der Verehrung unseres Kaisers in den Vordergrund stellen. Maestro Mozart wird die schönsten Melodien, die Ihr jemals hörtet, komponieren und ...«, – er hält kurz inne, schnappt nach Luft, »es handelt sich um ein Werk Pierre Augustin Caron de Beaumarchais und heißt: *Die Hochzeit des Figaro.*«

Stille. Der Kaiser wartet. Zwischen seinen Augenbrauen entstehen zwei Falten, die gleich dem Buchstaben »V« tiefe Furchen vom Nasenbein in Richtung Stirn schlagen. Der Mund ist geschlossen, die Lippen sind fast zur Gänze verschwunden. »Es ist euch schon bewusst, dass wir dieses Buch in unserem Reich verboten haben? Es darf nicht gedruckt, gelesen oder gar aufgeführt werden.«

»Eure Majestät, die Zukunft unseres großartigen Reiches liegt nur in Eure göttliche Hände. Ihr habt bereits zu Beginn eurer Herrschaft durch Eure Toleranzedikte erstmals die Ausübung anderer Religionen gestattet. Damit habt Ihr Frieden im Reich geschaffen. Auch wenn ich, als katholischer Priester« – Da Ponte zeichnet ein Kreuz in die Luft – »so, wie eure großherzige Majestät natürlich unsere Religion« – er zeichnet noch ein Kreuz in die

Luft – »vorziehe, so ist es doch eurer Großherzigkeit und Toleranz zu verdanken, dass in Eurem Volke wieder Frieden herrscht, den nur Ihr ihm geben konntet.«

Der Monarch neigt den Kopf zur Seite, während Da Ponte fortfährt: »Als Librettist ist es meine Aufgabe, bereits in der vorangegangenen Szene die darauffolgende zu erkennen. *Die Hochzeit des Figaro* in seiner Urfassung könnte natürlich – rein theoretisch – dazu führen, dass sich das Volk gegen den Adel auflehnt, aber durch ein Verbot würde nur gesteigertes Interesse an dem Werk erzeugt. Man könnte denken, es bestünde Angst vor dem Volke, man wolle ihm etwas vorenthalten, verheimlichen! Dies könnte genau jene unangenehme Situation herbeiführen.«

Der Kaiser reibt sich an der Schläfe.

»Wenn nun aber Ihr, in Eurer unendlichen Toleranz, dieses Werk in einer von mir entschärften, adaptierten Form zulassen würdet, ja sogar bei der Eröffnung des kaiserlichen Burgtheaters aufführen ließet, würde das Volke merken, dass Ihr Euch eben nicht vor ihm fürchtet, dass Ihr Toleranz walten lässt, und es würde niemals registrieren, dass die wahrlich gefährlichen, hetzerischen Stellen bereits von Eurem treuen Hoflibrettisten entnommen wurden. Das ursprüngliche Werk wäre damit völlig uninteressant.«

Die grimmige Miene des Kaisers weicht Interesse. »Da Ponte amüsiert mich immer wieder. Und wie stellt er sich das vor? Möchte er tatsächlich gemeinsam mit Mozart einen Auftrag, das von mir verbotene Buch zu vertonen?«

Da Ponte erwidert, dass es ihm die größte Ehre wäre, worauf der Kaiser ansetzt, um sich von ihm zu verabschieden. Kleinlaut hebt Da Ponte die linke Hand bis zu seiner Schläfe an und ergänzt: »Maestro Mozart und meine Wenigkeit haben bereits, rein zur Probe, einige Takte der Oper für Eure Majestät vorbereitet und, wie es der Zufall gerade so möchte, sitzt Mozart in dieser

Sekunde im Wartesaal gleich vor dieser Türe. Wenn es also Eurer Majestät genehm wäre, könnten wir euch sogleich eine Hörprobe dieser wirklich einzigartigen Komposition geben.«

»Sie schreiben also ohne meinen Auftrag eine Oper? Und lassen sie auch gleich komponieren?« Da Ponte beißt sich auf die Unterlippe. »Das hat es noch nie gegeben. Nun gut, dann gehen wir und hören, was dieser Mozart von sich zu geben hat.«

Im Saal hat Wolfgang Amadé vor dem Flügel Platz genommen. Er erhebt sich, setzt den rechten Fuß einen Schritt nach vorne, lässt den linken Unterarm hinter seinem Rücken verschwinden, geht leicht in die Knie und senkt sein Haupt. Der Monarch nimmt auf dem samtgebetteten Lehnstuhl einige Meter entfernt Platz. Mit einer kaum wahrnehmbaren Handbewegung deutet er Mozart anzufangen.

Mozart legt seine Hände auf die Klaviatur, möchte ansetzen, als zwei Herren in Livree erscheinen, sich tief vor dem Kaiser verbeugen, um sich dann links und rechts hinter ihm aufzustellen. Der ältere der beiden wirkt wie eine gerupfte Version Ludwig des Sechzehnten. Behangen mit einem bunt bestickten Cape, stützt sich ein Kopf stets auf sein Doppelkinn, das wiederum direkt auf seinen schmalen, mit Pelz umhüllten, Schultern sitzt. Sein Kopf ist rot, seine Augen quellen hervor, auf seiner Stirn erhebt sich eine glänzende Hügellandschaft aus Schweißperlen. Es handelt sich um Franz Xaver Wolfgang Orsini von Rosenberg, Obersthofmeister, Konferenzminister am Hofe seiner Majestät und Direktor des Burgtheaters. An seiner Seite sein Assistent, der knochige Rüdiger Reichenau. Sowohl in Gesichtsfarbe als auch in Form von Nase und Hals gleicht er einem Flamingo. Schmallippig steht er an der Seite Rosenbergs, bereit, dessen Anweisungen entgegenzunehmen und seinen Willen umzusetzen. Der Kaiser nickt. Das Startsignal für einen Wirbelwind der Klaviatur. Die Finger Mozarts fegen über die Tasten, es scheint, sie wären zeitgleich überall, während die Ouvertüre zu *Figaros Hochzeit* durch den Saal bebt. Rosenberg und Reichenau blicken aus ihren Augenwinkeln auf den Kaiser und versuchen, in seiner Miene zu lesen.

Er bleibt ausdruckslos. Abseits der Runde versucht Da Ponte Enthusiasmus zu versprühen, sein strahlendes Gesicht wandert zwischen Wolfgang und seiner Majestät hin und her, als würde er sich bemühen, seine Begeisterung mit Blicken zu übertragen. Der letzte Ton verklingt. Stille. Fünf lange Sekunden.

Mozart sieht zum Kaiser, Da Ponte mit offenem Mund zwischen beiden hin und her, Rosenberg und Reichenau, die Arme verschränkt, siegessicher starr geradeaus. Da Ponte dreht sich ruckartig zu Mozart und deutet ihm mit nach vorne rudernden Armen, weiterzuspielen. Er fährt fort, bis er abermals zum Ende kommt. Der Kaiser verzieht keine Miene. Ganz langsam hebt er seine Unterarme an, führt die Handflächen zueinander und beginnt bedächtig zu klatschen. Die anderen Zuhörer schließen sich dem Applaus sofort an.

»Bravo, Mozart! Bravo«, der Monarch erhebt sich und wendet sich im Abgang an Rosenberg: »Das wird unsere Eröffnungsoper. Ich komme in zwei Wochen und sehe mir eine Probe an.« In der Tür wendet er sich noch einmal den vier Herren zu: »Sehr schön, Mozart. Aber ein bisschen zu viele Noten. Nicht immer so viele Noten«. Mozart verharrt in seiner Verbeugung, schaut zu Da Ponte, dann zu Rosenberg, schlussendlich zum Kaiser und antwortet: »Gerade so viel, wie notwendig, Majestät. Nur so viele wie notwendig.«

Hinter dem Kaiser schließen die Wachen die Tür.

Kapitel 5

Aus einem Fenster des Palazzo da Mosto fliegt ein Messing-Kerzenständer. Um Haaresbreite verpasst er den Kopf Emanuele Coneglianos und fällt hinter ihm, mit lautem Platschen, in die Lagune. Sein kleines Ruderboot gerät ins Schlingern. Fast wäre der Fünfzehnjährige in dieser ersten Nacht des Sommer-Vollmonds in das schwarze Wasser des Canal Grande gefallen. Giuseppe de Franca, der angesehene Direktor des Hotels »Al lion bianco«, lebt mit seiner jungen Ehefrau Angoletta im ersten Stock des Palazzo da Mosto. Sie ist nicht nur das lieblichste Geschöpf auf Erden, sondern hat auch – nicht nur zur Freude Emanueles – die durchaus erquickliche Angewohnheit, nachts im Kerzenschein ihres Schlafgemachs leicht bis gar nicht bekleidet vor ihrem Fenster auf und abzustolzieren, was dazu führt, dass junge Venezianer in ihren Booten vor ihrem Fenster Halt machen, um ihr aufmunternde Worte, Gesang oder freundliche Pfiffe zuzuwerfen. An manchen Tagen scheint die Schönheit die Aufmerksamkeit der jungen Männer fast zu genießen und entblößt sich richtiggehend vor offenem Fenster.

Ganz im Gegensatz zu ihrem fülligen wie brutalen Ehemann, der dafür wenig Verständnis hat. Er pflegt stets, die jungen Kavaliere davonzujagen, nicht ohne sie zuvor mit Gegenständen zu bewerfen.

»Mein lieber, junger Freund. Dieser Planet ist eine einzige bunte, blühende Frühlingswiese, und Sie können jede Blume pflücken, jeder Farbe, jeder Größe und jeden Alters. Vergessen Sie nicht: Gerade die reifen Früchte haben oftmals den süßesten Geschmack.«

»Aber, Signore Casanova«, wirft Emanuele Conegliano ein, »es sind oftmals die reifen Frauen, mit ihren Kurven und Rundungen, in die ich mir wünsche, mich zu verlieren, aber sie sind es, die stets verheiratet sind.«

Giacomo Casanova, der vierundzwanzig Jahre ältere Freund des jungen Mannes, unterbricht den gemeinsamen Spaziergang, bleibt stehen und verbeugt sich vor einer entgegenkommenden Dame mit den Worten: »Signora, in diesem Moment geht die Sonne über Venedig auf.« Ein schüchternes Lächeln wirft sie ihm zu, senkt den Blick zu Boden und geht weiter. Er atmet einen tiefen Zug ihres Duftes ein und sagt: »Jede Blume möchte gepflückt werden und jede möchte die einzige sein. Also pflücken Sie, mein Freund, aber bitte: Meiden sie ihre Ehemänner.«

Einige Monate später, der Nebel des Herbstes hält Einzug in Venedig. Die Luft ist so feucht, dass sie dampfend eins wird mit der stillen Lagune. Hin und wieder hört man das Platschen eines Fisches oder das zaghafte Eintauchen eines Ruders in das stille Wasser. Luft, die Gestalten im Nichts verschwinden lässt, erstreckt sich quer durch die Lagunenstadt. In der letzten Ecke einer verwinkelten, dunklen Gasse lehnt eine Frau, streckt beide Arme Richtung Himmel und lässt ihren Kopf in den Nacken fallen. Ein Mann vergräbt sich in ihr üppiges Dekolleté und bedeckt es mit Küssen. Er schmeckt einen Hauch des Meeres auf ihrer Haut. Salz liegt in der Luft und lässt sich auf die Stadt und alle ihre Bewohner nieder. Aus einiger Entfernung beginnen die Glocken der Basilica San Marco zu erklingen. Für einen Moment hält er inne, legt sein linkes Ohr auf ihre Brust und versucht mit dem rechten die Herkunft des Glockenklangs zu identifizieren. Schon steht er stramm wie ein Soldat vor ihr: »Ich bin zu spät. Ich bin zu spät. Ich werde jetzt getauft.«

Rasch richtet sich Emanuele Conegliano seinen Mantel, deutet eine Verbeugung an, dreht sich um und verschwindet im Nebel dieses Vormittags.

Die Sitzreihen des Doms sind fast zur Gänze gefüllt. Der Bischof von Céneda steht in seinem Festgewand hinter dem Altar, Emanueles zwei Brüder knien auf mit goldenen Borten umrandeten roten Samtkissen, das dritte ist noch leer. Emanuele eilt den Mittelgang nach vorne, sein Vater steht seitlich des Altars. Aus den Schlitzen seiner zusammengezwickten Augen blitzt es hervor. Die Schritte seines Sohnes hallen durch die Kirche. Giuseppe Casanova sitzt, umgeben von vier Damen, in der fünften Reihe links. Alle Blicke sind auf den Zuspätkommenden gerichtet. Kopfschütteln und leichtes Zischeln erfüllen die Kirche.

»Wenn nun alle anwesend sind«, seufzt der Priester, »können wir mit der Konversion zum Glauben der heiligen, römisch-katholischen Kirche und der Taufe beginnen. Signore Geremia Conegliano und seine hier anwesenden drei Söhne, ihr schwört eure bisherige Glaubensgemeinschaft verlassen zu haben und euch vertiefend mit dem Glauben unserer heiligen Kirche auseinandergesetzt zu haben. Wenn dem so ist, sprecht mir nach: Ich glaube an Gott, den allmächtigen Vater, seinen Sohn Jesus Christus, geboren von der Jungfrau Maria, gelitten unter Pontius Pilatus, gekreuzigt, gestorben und begraben, aufgefahren in den Himmel, er sitzet zur Rechten Gottes, des allmächtigen Vaters jetzt und in alle Ewigkeit, Amen.« Geremia Conegliano wiederholt laut und deutlich, seine Söhne murmeln kaum hörbar. Nach diesem offiziellen Akt des Übertritts vom jüdischen Glauben zum Katholizismus kann der Gerber Conegliano endlich erneut heiraten, ermöglicht damit aber auch zeitgleich den gesellschaftlichen Aufstieg seiner Söhne.

Der Bischof fährt fort: »Des Weiteren stimmt ihr zu, dass ich – der Bischof von Céneda – euren Sohn Emanuele Conegliano

adoptiere, er eine Ausbildung zum katholischen Priester genießen wird und fortan nun meinen Namen tragen wird.«

Geremia Conegliano nickt. Dann nimmt der Priester ein sil-
bernes Kännchen mit Taufwasser, gießt es ihm über den Kopf
und spricht die Worte: »Ich nehme dich hiermit zu meinem
Sohne, nehme dich in den Bund der heiligen, römisch-katholischen Kirche auf und schenke dir meinen Namen. Ich taufe dich,
Emanuele Conegliano, hiermit im Namen des Vaters, des Sohnes
und des Heiligen Geistes auf den Namen: Lorenzo Da Ponte.«

Kapitel 6

»Mein süßes Schatzi-Butzi-Arschi-Kindi! Mach mir die Ente!«, ruft Wolfgang seiner Constanze zu, die kichernd ihr schwangeres Bäuchlein nach vorne und zeitgleich ihr Gesäß in die Luft reckt. Er will sie fangen. Sie rettet sich ins Bett, Mozart springt ihr nach, das Holz knarzt. Zärtlich in seinen Armen, schaut sie zu ihm: »Wolferl? Muss diese Nancy Storace wirklich die Susanna in deiner Oper singen? Gäbe es nicht eine andere Sopranistin?«

Wolfgang steht auf, läuft durch den Raum und erklärt in ernsthaftem Ton, dass er doch große Opern in neuem Stil und atemberaubender Geschwindigkeit komponiere. Er habe einen Kopf voller Melodien, die gesungen werden müssten. Seine Geschichten brauchen junge, schöne Frauen und Sopranstimmen. Immer. Aber Nancy Storace sei keine Gefahr. Er würde sie nie verlassen. Davon abgesehen sei Nancy – genauso wie er – verheiratet, und das blieben beide auch.

Auf einmal stürmt Da Ponte in die Wohnung, außer Atem ringt er nach Worten: »Ich habe … nun zwei Stunden … vor den Toren der Hofoper … auf Rosenberg gewartet, um endlich einen Termin … für unsere erste Orchesterprobe zu vereinbaren.« Er holt Luft. »Dann öffnet mir Reichenau, dieser Pfau, und meint, dass dies wohl erst in einer Woche möglich sei. Wie soll das funktionieren? Der Kaiser möchte bereits in zwölf Tagen eine fertige Probe sehen.«

»Staaaanzi« – ruft Mozart in Richtung Schlafzimmer – »unsere Wohnung wird zum Theater. Was sagst? Ist das nicht schön?« Da Ponte hebt den Zeigefinger. »Dieser Rosenberg ist ein einziger Scheißberg und der Reichenau alles andere als schlau. Aber nicht mit uns. Morgen machen wir eine Probe mit allen Sängerinnen und Sängern«, er dreht sich zu Constanze, »wir räumen heute noch die Wohnung leer. Die Wände werden wackeln!«

Am Abend besucht Joseph Haydn Wolfgang Amadé Mozart in seiner Wohnung. Kaum den Mantel abgelegt, führt ihn Mozart in ein leeres Zimmer. Sein Klavier, der dazugehörige Hocker und bloß ein Stuhl in einiger Entfernung sind die einzigen Gegenstände im Raum.

»Herr Haydn«, fängt er an, »ich habe soeben ein Duett für meine Oper fertiggestellt, das Sie als Erster hören sollen.« Er setzt sich ans Klavier und beginnt zu singen. *Noch nie zuvor hat Haydn je solch eine Komposition gehört,* notiert er noch am selben Abend in sein Tagebuch. *Zärtlich, liebevoll, leidenschaftlich und zeitgleich voll von Schmerz.* Es ist das Duett des Grafen Almaviva mit Susanna »Solang hab' ich geschmachtet« (Crude! Perché finora) aus dem dritten Akt der Hochzeit des Figaro. Haydn schießen die Tränen in die Augen. Etwas Köstlicheres wurde auf dieser Welt noch nicht komponiert.

Joseph Haydn möchte mehr von dieser noch nie dagewesenen Musik hören. Ein paar Tage später besucht er eine der Proben in der Oper und sieht Mozart, mit rotem Pelz und gold-portiertem Hut mit Orchester auf der Bühne stehen und der Musik den Takt angeben. »*Bravo, Bravo Benucci!*«, ruft Mozart. Die Darsteller auf der Bühne und im Orchester sind elektrisiert, berauscht von Wonnegefühlen, rufen sie wieder und immer wieder: »Bravo, Bravo, Meister! Es lebe der große Mozart!«

Im Orchester schlagen die Musiker unaufhörlich mit den Bögen ihrer Violinen auf die Musikpulte, um ihrer Begeisterung Ausdruck zu verleihen. Es scheint, als wolle sich der Sturm der Beifallsbezeugungen gar nicht legen. Der kleine Mann dankt durch wiederholte Verbeugungen für die enthusiastischen Huldigungen, die ihm gespendet werden. Wenn Mozart weiter nichts geschrieben hätte als dieses Musikstück, es allein würde ihn zum größten Meister seiner Kunst machen.

Das notiert Joseph Haydn, der zu diesem Zeitpunkt selbst einer der angesehensten Komponisten der Stadt, Mozarts Vorbild und sein väterlicher Freund ist.

Da wird die Doppelflügeltüre des Saals aufgestoßen, Direktor Rosenberg betritt, flankiert von Reichenau und seinem Vize- und Finanzdirektor Johann Thorwart, den Saal.

»Mozart! Ist ihm bewusst, dass dies so nicht funktionieren wird?« Der lange dünne Hals Reichenaus bewegt sich einem Schwan gleich nach vorne und nimmt fast die Form des Buchstabens S an. Thorwart steht mit verschränkten Armen und lächelt süffisant. Wolfgang wendet seinen Blick von Bühne und Orchester ab, dreht sich um und beginnt, seinen Dirigentenstab im Takt der Worte des Direktors zu bewegen. Da Ponte möchte die Situation retten: »Hochverehrter! Obersthochmeister, seine Exzellenz, Herr Hofoperndirektor. Was für eine wunderbare Situation! Welch Ehre, dass ihr gleich unserer ersten Orchesterprobe beiwohnt! Ohne Eure untertänigste Unterstützung könnte dies wunderbare Werk niemals das Licht der Welt auf dieser, ihrer fantastischsten Bühne des Erdballs erblicken.« Reichenau erhebt seine lange Hakennase, während seine Augen hinabwandern, um auf Da Ponte herabzusehen.

Rosenberg ergreift das Wort: »Der Herr Poet hat also ein Ballett in den Figaro eingefügt?«

»Ja, Eure Exzellenz«, antwortet Da Ponte.

»Der Herr Poet weiß nicht, dass der Kaiser kein Ballett in seinem Theater haben will?«

»Nein, Eure Exzellenz.«

»Nun gut, Herr Poet, ich sage es Euch hiermit.«

»Ja, Eure Exzellenz.«

»Und ich sage Euch außerdem, dass Ihr es herausnehmen müsst, Herr Poet.«

Dieses »Herr Poet« betont er so ausdrücklich, als wolle er damit »Herr Esel« sagen.

»Seht, wie wir das machen werden.« Während er spricht, reißt er zwei Seiten aus dem Libretto heraus, wirft sie mit einem Lächeln ins Feuer und gibt es Da Ponte zurück: »Seht, Herr Poet, das kann ich alles tun.«

Mozart wird jetzt wütend und hält fest, dass es sich um eine italienische Oper handle und in keiner Weise um eine Ballettaufführung.

Rüdiger Reichenau unterbricht. »Es wird getanzt, während das Orchester spielt. Dies ist nicht gestattet.«

Da Ponte will wieder einschreiten. »Eure Exzellenz, es handelt sich doch um einen Hochzeitstanz. Nicht um eine Ballettaufführung. Einzig leichte Bewegungen, bloß ein zartes Schwingen zur Musik ist zu erleben.«

Mozart rollt die Augen: »Wie soll man denn Hochzeit feiern, ohne zu tanzen? Es muss getanzt werden. Nur weil Herr Reichenau wohl niemals ein Weib finden wird, das bereit wäre, ihn zu heiraten, bedeutet das wohl nicht, dass alle anderen auch nicht Hochzeit feiern dürfen.« Reichenaus Hals wird noch ein Stück länger. Zwischen seiner Nasenspitze und dem Kristallluster über ihm könnte man eine Schnur spannen.

»Ihr seht, was ich kann«, hält der Operndirektor einmal mehr fest und verlässt den Saal.

Am nächsten Tag erscheint Mozart mit einem frischen Stoß Noten und Texten bei der Probe. Er verteilt Kopien an alle Sänger und informiert, dass es sich dabei um einen Kanon handle, der möglicherweise heute zusätzlich angestimmt werden müsse.

Die Probe verläuft hervorragend. Der Wirrwarr familiärer Beziehungen, die Leidenschaft, das Aufbegehren gegen die

38

Mächtigen, vereint mit den zauberhaftesten Melodien, berauscht das gesamte Ensemble.

Zufrieden sitzt Da Ponte in der dritten Reihe und sieht abwechselnd auf die Bühne und sein Manuskript, während Mozart mit seinen kleinen Händen jedem Instrument und jeder Stimme den richtigen Platz in seinem Gesamtkunstwerk zuweist. Pünktlich zum dritten Akt, Szene 13 und 14, betreten Rosenberg und Reichenau den Saal. Sofort bricht Mozart die Probe ab und wendet sich an die Hereinkommenden: »Exzellenz, schön, dass Ihr uns heute erneut beehrt. Ihr wurdet bereits erwartet, werter Herr Hofoperndirektor, Exzellenz. Ich habe Euch zu Ehren heute einen wunderbaren, sechsstimmigen Kanon vorbereitet, den ich eigentlich schon vor Jahren für den hochverehrten Fürst Erzbischof zu Salzburg, Herrn von Colloredo, schrieb, aber mit dem heutigen Tage nur mehr Euch widmen möchte.«

Da Ponte ahnt, dass die Freude des Direktors nicht ungetrübt bleiben wird, Rosenberg zieht seine schmalen Schultern nach hinten und lässt seinen Bauch noch mächtiger erscheinen.

Die Sänger formieren sich auf der Bühne, neue Noten und Text in den Händen, und Mozart unterteilt sie mit einfachen Handstrichen in drei Gruppen. Er nimmt Haltung an, dreht sich noch einmal zum Hofoperndirektor und seinem Sekretär um. Er grinst, hebt den Taktstock und gibt zunächst der linken Gruppe auf der Bühne Einsatz, kurz darauf folgt die der Mitte, dann die rechte, bis sich alle Stimmen ineinander verweben, den Text zeitversetzt wiedergeben und dabei ein neues, großes Ganzes gestalten. Sie singen:

Leck mich im Arsch
lasst uns froh sein
Murren ist vergebens
Knurren, Brummen ist vergebens

Ist das wahre Kreuz des Lebens
Das Brummen ist vergebens
Knurren, Brummen ist vergebens, vergebens
Drum lasst uns froh und fröhlich, froh sein
Lasst uns froh und fröhlich, froh sein
Leck mich im Arsch

Da Ponte lässt seinen Kopf wortlos in die Handflächen fallen. Rosenbergs Augen schwellen an und scheinen Strophe für Strophe immer weiter aus seinem Gesicht hervorzuquellen, während Rüdiger Reichenau obligat stoisch einen halben Schritt hinter dem Direktor steht und seinen Hals wachsen lässt.

Im nächsten Moment dreht sich der Hofoperndirektor ruckartig um und schreitet schnellen Schrittes Richtung Ausgang. Zwei Schrecksekunden später realisiert sein Mitarbeiter dessen forschen Abgang, läuft ihm hinterher und erreicht gerade noch rechtzeitig die Tür, um sie ihm zu öffnen.

»Da sehen wir mal, was ich alles kann«, sagt Mozart.

Orchester wie Chor brechen in schallendes Gelächter aus, das noch viele Gänge weiter quer durch das Opernhaus hallt.

Da Ponte hebt, wie in Zeitlupe, das Gesicht aus seinen Handflächen, schüttelt ungläubig den Kopf und sagt: »Musste das jetzt wirklich sein?«

Mozart strahlt. »Ja. Unter allen Umständen.«

Kapitel 7

Joseph Haydn sieht nichts. Er fühlt, wie das Äußere seines Oh-
res leicht an den Kopf gedrückt wird, wie eine Augenbinde aus
zartem Stoff über Nasenbein und Augen liegt, um dann auf der
Rückseite fest zusammengebunden zu sein. Jemand hält ihn mit
beiden Händen an den Schultern, schiebt und führt ihn zeitgleich,
als hätte die Person Zügel über ihn in der Hand. Joseph Haydn
spürt fremden Atem im Nacken. Vorsichtig setzt er einen Schritt
vor den anderen. Musik ertönt. Er hat die Kontrolle über die Situation komplett abgegeben. Ganz langsam, fast schleifend, setzt
er einen kleinen Schritt vor den anderen. Die fremden Hände
auf den Schultern drehen seinen Körper nach links und ziehen
ihn zeitgleich nach hinten. Ein Zeichen, anzuhalten. So oder so
ähnlich muss sich ein Pferd mit Scheuklappen fühlen. Die Musik
verklingt, es ertönt eine sonore, tiefe Stimme. Sie erklärt, dass er
nun an einem Ort sei, an dem jeder Mensch, unabhängig seines
Standes, seiner Herkunft oder seiner Profession, gleich viel wert
sei. Ein Ort, an dem Menschlichkeit, Freiheit und Brüderlichkeit
zählen. Ein Ort, an dem einer für den anderen einstehe und sich
lieber ins offene Herz stechen ließe, bevor er einen seiner Brüder
verraten würde.

Er fragt: »Sind Sie bereit, sich unserer Werte anzuschließen
und für Ihre Brüder einzustehen?«

Joseph Haydn antwortet: »Ja.«

»Sind Sie bereit, an sich zu arbeiten und Menschlichkeit wie
Brüderlichkeit jetzt und alle Tage walten zu lassen?«

Er antwortet erneut: »Ja.«

»Sind Sie bereit, unaufhörlich an sich und der Güte Ihres Herzens zu arbeiten?«

Wieder antwortet er, nun mit zittriger Stimme: »Ja.«

Es folgen Rufe aus unterschiedlichen Richtungen des Raumes: »Erkenne dich selbst!«, spricht jemand, der weit hinter ihm zu sein scheint. »Beherrsche dich selbst!«, kommt von der Rechten und schlussendlich »Veredle dich selbst« von der linken Seite.

»Nun denn, so frage ich Sie – Herr Joseph Haydn – wollen Sie Freimaurer werden?«, hört er wieder die tiefe, strenge Stimme vor sich »Würden Sie sich eher ins Herz stechen lassen, als einen Bruder zu verraten?«

Er bejaht beides, worauf man ihm die linke Seite seiner Brust entblößt.

»Sind Sie bereit den Beweis anzutreten?«

Seine Hände schwitzen und beginnen zu zittern. Er kann nur noch unsicher nicken, bis er einen kleinen Stich in seiner linken Brust verspürt. Vorsichtig berührt er mit der rechten Hand die Einstichstelle. Kurz darauf wird ihm die Augenbinde abgenommen. Einen Moment dauert es, bis sich seine Augen an das Licht gewöhnen, er blinzelt. Kerzen, Säulen, ein Winkelmaß, die Darstellung einer Sonne und die Bibel treten in sein Blickfeld. Der Komponist nimmt all das nur schemenhaft wahr. Vor ihm steht ein älterer Herr in schwarzer Kutte, in seiner linken Hand hält er einen Zirkel, dessen Spitze noch von seinem Blut verfärbt ist. Sorgenvoll blickt Haydn an seiner Brust hinab und erkennt einen Tropfen Blut, der über einem kleinen Einstich hängt, bereit abzutropfen.

»So ernenne ich Sie zum Lehrling der gerechten und ordentlichen Loge *Zur Wohltätigkeit*.« Der Mann reicht ihm die Hand zum Gruße und sagt: »Willkommen, mein Bruder.« Seine Schulterblätter werden von den unbekannten Zügeln um 180 Grad gedreht. Erstmals sieht er den Tempel hinter sich, links und rechts gesäumt von stehenden Männern in schwarzen Umhängen, drei Säulen Kerzen umranden einen Teppich mit zahlreichen

Symbolen in der Mitte, am Ende zwei weitere Säulen, hinter denen ein kleiner Mann den Taktstock hebt, um dem Chor den Einsatz zu geben. Es ist Mozart.

Lasst uns mit geschlungnen Händen,
Brüder, diese Arbeit enden
unter frohem Jubelschall.
Es umschlinge diese Kette,
so wie diese heil'ge Stätte,
auch den ganzen Erdenball.

Tugend und die Menschheit ehren,
sich und andern Liebe lehren
sei uns stets die erste Pflicht.
Dann strömt nicht allein in Osten
dann strömt nicht allein in Westen,
auch in Süd und Norden Licht.

Da erschallen erneut Rufe aus unterschiedlichen Richtungen des Tempels: »Weisheit geleite uns!! Stärke erfülle uns! Schönheit verkläre uns!« Es reichen sich alle Brüder die Hände. »Die Kette ist geschlossen. Gehen wir hin in Frieden«, sind die letzten Worte, die verkündet werden, worauf einer nach dem anderen langsam den Tempel verlässt.

Vor der Pforte erwarten Joseph Haydn Mozart und Da Ponte. Beide umarmen ihn innig.

»Wissen Sie, Papa Haydn, was mich am meisten freut?«, fragt Mozart. »Dass es hier erstmals so ist, dass ich der Meister bin und Sie der Lehrling.«

Kapitel 8

»Es wäre mir eine große Ehre, wenn Ihr mich eines Tages in meiner Wohnung im Hause Campo San Polo Nummer 3 besuchen würdet«, steht auf der kleinen Notiz, die seit Monaten auf dem Holztisch des Priesterseminar-Schülers Lorenzo Da Ponte liegt. Ein maskierter Mann hat sie ihm während des Karnevals zugesteckt. Immer wieder fällt das Papier in sein Blickfeld, aber eigentlich erkennt er keinen Grund, einen unbekannten Menschen, der nicht mal seinen Namen auf eine Nachricht zu schreiben vermag, zu besuchen. Andererseits hält ihn seine Neugier auch davon ab, die Notiz einfach wegzuschmeißen.

Eines Nachmittages im März, als die Kraft der Sonnenstrahlen erstmals einen Hauch Wärme auf das Gesicht zaubern, nimmt Da Ponte den kleinen Zettel, steckt ihn in seinen Mantel, der in der Früh noch die feuchte Frische des Morgens ausgleichen konnte, ihm aber nun, unter der Sonne des Tages zu warm ist, und macht sich auf den Weg über die Rialto-Brücke zum Campo San Polo. Es ist der höchstgelegene Teil Venedigs, den dieses Jahr das Hochwasser des Frühlings nicht heimgesucht hat, um den Staub des Winters ins offene Meer hinauszutragen. Er geht einer Brise aus dem Norden entgegen, die seinen geöffneten Mantel mit Frühlingsluft erfüllt. Am Haus des Absenders angelangt, klopft Da Ponte an eine schwere Holztür. Einmal, zweimal. Er wartet. Er geht drei Schritte rückwärts, um das Haus in seiner gesamten Größe zu begutachten. Sein Blick wandert das alte Gebäude hinauf und wieder hinab. Der zarte Wolkenschleier, der die Sonne seit Minuten bereits hinter einer milchigen Schicht zu verbergen droht, wird immer dichter. Hinter dem kleinen Fenster des ersten Stocks huscht ein Schatten vorbei. Dann öffnet sich die Tür. Nur einen Spalt weit. Kein Diener, kein Portier erscheint. Langsam nähert sich Da Ponte wieder dem Tor, drückt mit seiner Rechten leicht daran. Sie springt zur Gänze auf. Eine Schnur, aus dem ersten Stock des Hauses gespannt, verläuft das dunkle und feuchte Treppenhaus hinunter. Ihr Ende ist an der Tür festgebunden. Sie war es, die das Tor hat aufspringen lassen. Vorsichtig setzt Da Ponte den ersten Schritt in das Haus, sein ausgerufener Gruß verhallt im Nichts des Aufgangs. Langsam steigt er die Treppen hinauf und gelangt in ein einfaches, fast leeres Zimmer, in dem ein kleiner Greis, mit dem Ende der Schnur in der Hand, sitzt. Die Züge des Mannes erscheinen ihm nicht unbekannt.

Die Tiefe, die Ruhe, der Ton seiner Stimme lassen in Da Ponte ein angenehmes, wohliges Gefühl aufkommen: »Ich danke euch, junger Mann, dass Ihr Euch zu mir bemüht. Euer Besuch soll euch von Nutzen sein, bitte nehmt Platz«, sagt er und weist ihm einen Stuhl an seiner Seite. Die Feuchte des venezianischen Winters verharrt noch in den Gemäuern. Der alte Mann erzählt von seinem Leben, seiner Jugend in Livorno, dem frühen Tod des Vaters, dem Druck, bereits in jungen Jahren dessen Handelsunternehmen übernommen haben zu müssen, dem Schiffbruch, den er damit erlitten habe, das ganze Erbe, das verloren ging, und seiner darauffolgenden Übersiedelung nach Venedig. Erkrankt blieb ihm nur, um Almosen zu betteln.

Jetzt fällt Da Ponte ein, woher er den Greis kennt. Jahrelang sah er ihn auf der Brücke des Heiligen Georg sitzen und um Unterstützung bitten. Achtzehn bis zwanzig Lire habe der Mann früher pro Tag eingenommen, allerdings nur einen Bruchteil davon ausgegeben. Zur Untermiete habe er bei einer alten Dame und Ihrer Tochter gewohnt, die er – sie war wie ein Kind für ihn und viele Jahre jünger – nach dem Tod der Mutter zur Frau nahm. Er stünde jetzt vor dem Ende seiner Tage und wünsche sich nichts anderes als dieses Mädchen in guten Händen.

Da nun er, Lorenzo Da Ponte, ihm über viele Jahre Tag für Tag Almosen gab, obwohl selbst nicht in Reichtum geboren, sei er der Überzeugung, dass er ein gutes Herz habe und möchte ihn bitten, nach seinem Tode, seine Frau zur Frau zu nehmen. Sie sei ein gutes Mädchen und er böte ihm dies nicht an, wenn er dafür nicht auch etwas zu geben hätte.

Der Greis führte Da Ponte in den nächsten Raum, in dem eine große, schwere Holztruhe in der Ecke steht, öffnet sie und sagt: »Hier sind jene fünfzigtausend Zechinen, die ich im Laufe meines Lebens angespart habe. Sie gehören Ihnen an dem Tag, an dem Sie meine Frau heiraten.« In diesem Moment betritt ein wunderschönes, zartes Mädchen den Raum und stellt sich Da Ponte vor. Er kann seine Überraschung kaum verbergen, als er erkennt, dass der alte Mann und das junge Mädchen fast über alle Details seines Lebens Bescheid wissen und ihn am Ende ihrer biografischen Zusammenfassung fragend ansehen. Lorenzo Da Ponte denkt an Angoletta, an Mathilda und all die anderen schönen Mädchen, die die beiden dankenswerterweise in ihrer biografischen Darstellung seines Lebens vergessen hatten aufzuzählen und spürt einen Hinkelstein der Verantwortung, der sich in einer Schlinge gewunden, um seinen Hals zu legen scheint. Er sagt: »Ich bin, bis in meine innerste Seele von dem Wert des Schatzes durchdrungen, den Sie mir anbieten; es ist mir jedoch nicht gestattet, der glückliche Besitzer desselben zu sein. Ich bin durchaus nicht in der Lage, an eine Vermählung denken zu können.«

Einige Augenblicke des Schweigens. Der Greis antwortet: »Mein lieber Sohn, ich bin ihretwegen betrübt darüber.« Den Rest des Nachmittages verbringt Da Ponte mit den beiden in freundschaftlicher Gesinnung.

Wenige Monate später heiratet das liebreizende Geschöpf einen venezianischen Patrizier, der Wien zu seinem Aufenthalt wählt. Als Da Ponte – von Richter und Gesetz gezwungen – Venedig verlassen muss, sind die beiden seine ersten Ansprechpersonen in der neuen Stadt, die ihm Unterschlupf und Unterstützung gewähren.

Kapitel 9

»Er sagte, in zwei Wochen. Aber wann genau bleibt im Unklaren. Er kann jeden Tag kommen!«, ruft Da Ponte von hinter dem Vorhang der kleinen Umkleidekabine des Schneiders Haschka in der Blumenstockgasse Mozart zu. Er steht stolz in seinem neuen, eng an der Taille anliegendem Justaucorps, seinem neuen kragenfreien Rock, in den buntesten Farben, aus feinsten Stoffen, die er vom bekannten Mäzen und Tuchhändler Franz Xaver von Mayr erst wenige Wochen zuvor erhalten hat. Stolz dreht sich Wolfgang zweimal im Kreis und meint zu Da Ponte: »Damit kann ich die Premiere des Figaro dirigieren!«

Der Librettist tritt in nicht ganz so schrillem, aber zweifelsohne buntem Gewande hervor und hält fest, dass das Tuch für den neuen Rock fast ebenso viel koste, wie der Lohn für die Komposition der Oper sei. Mozart erwidert: »Das ist ganz einfach. Ich komponiere, gebe den Lohn dafür dem Tuchhändler, der wiederum betätigt sich so gerne als Kunstmäzen, gibt mir also das Geld zurück, und ich habe Geld und neues Gewand! Das nennt man Wirtschaft.

Am Nachmittag desselben Tages muss das ganze Ensemble einmal mehr über dreißig Minuten warten, bis ihnen die Tore der Oper geöffnet werden, weshalb die Probe erneut verspätet beginnt. In der Mitte des ersten Aktes nimmt Mozart auf einmal zaghafte Unsicherheit im Orchester wahr, die Sänger blicken verängstigt in den Zuschauerraum, verständnislos hebt Mozart seine Schultern an und dreht sich mit einem fragenden Blick in Richtung Zuschauerraum. Der Kaiser erscheint mit Entourage und deutet ihm mit einer kleinen Handbewegung fortzufahren. Mozart wendet sich Bühne und Orchester zu und gibt Einsatz, während der Monarch und sein halber Hofstaat Plätze ab der dritten Reihe besetzen. Neben ihm Theaterdirektor Rosenberg mit einem siegessicheren Lächeln im Gesicht, seitlich davor Da Ponte, der mit dem linken Augenwinkel versucht, in der Miene des Monarchen zu lesen. Ein paar Reihen hinter der Gruppe überragt der Kopf Rüdiger Reichenaus alle anderen. Endlich beim dritten Akt, Szene dreizehn und vierzehn, hört die Musik schlagartig auf, während acht Paare wild über die Bühne tanzen. Der Kaiser legt seinen Kopf zur Seite. Zunächst berührt er sich ungläubig sein rechtes Ohr, dann sieht er die anderen fragend an. Mit dem linken Ellenbogen berührt er drei Mal Rosenberg und flüstert ihm ins Ohr: »Wieso hören wir nichts?«

Mozart steht stoisch auf seinem Platz und dirigiert ausschließlich die Tanzenden. Es scheint, als könne nur er die Musik weiter hören, während die Streicher ihre Bögen ruhen lassen. Rosenberg antwortet: »Aufgrund des Erlasses Eurer Majestät, dass jegliche Form von Ballett oder Tanztheater im Reich verboten sei …« Der Kaiser unterbricht ihn, in dem er sich Da Ponte zuwendet, der ungefragt kommentiert: »Welch bizarre Situation, Eure Majestät. Auf der Bühne wird getanzt, wir aber können keine Musik hören. Die Noten sind verklungen, die Instrumente schweigen vor Ehrfurcht. Eine Hochzeit ohne Tanz kann aber gar nicht gefeiert werden. Deswegen können nur das Brautpaar und die Tänzer die Musik hören, für uns bleibt sie verstummt.«

Die Tanzschritte auf der Bühne hallen durch den Zuschauerraum, Mozart dirigiert sein Kopforchester weiter, Reichenau versucht aus der letzten Reihe, zumindest rein körperlich alles zu überblicken und die Situation zu erfassen. Der Kaiser wendet sich verärgert an den Theaterdirektor: »Ein Hochzeitstanz? Ohne Musik? Was ist denn das für eine Idee? Das ist doch kein Ballett, Rosenberg. Ein Hochzeitstanz! Ist ein klein wenig Denken denn zu viel verlangt? Gehen Sie sofort nach vorne zu Maestro Mozart und bitten ihn, die Szene noch einmal mit Musik zu spielen.«

Der Theaterdirektor dreht seinen Kopf leicht nach hinten, schnippt mit der linken Hand seinen Sekretär Rüdiger Reichenau zu sich, der sofort nach vorne stürmt, vor Orsini-Rosenberg in die Hocke geht und sein Ohr in Richtung des Direktors streckt, um Befehle zu empfangen. »Was ist denn? Was ist denn? Nein – Sie gehen nach vorne, Rosenberg! Bitten Sie Mozart freundlich, die Szene noch einmal anzufangen.« Der Kaiser wird langsam ungeduldig. Widerwillig steht Rosenberg auf, geht Richtung Bühne und tippt Mozart auf das rechte Schulterblatt. Da Ponte steht der Mund offen, Reichenau ebenso. Was genau Franz Xaver Wolfgang Orsini von Rosenberg in diesem Moment Wolfgang Amadé Mozart ins Ohr flüstert, hört niemand. Zu sehen ist nur, dass Mozart mit einem Schlag so strahlt, dass das ganze Theater erhellt wirkt. Er sagt mit ruhiger Stimme: »Bitte ab Szene 13 nochmal von vorne, aber diesmal mit Orchester.« Wolfgang hebt beide Unterarme an und gibt Einsatz für den schönsten Hochzeitstanz der Operngeschichte. Der Kaiser lehnt sich in seinen Sessel, verschränkt seine Arme und nickt. Manche wollen kurz darauf sogar gesehen haben, dass seine rechte Hand zum Takt der Musik auf seinen Oberschenkel geklopft haben soll.

Kapitel 10

Das kleine Weinlokal bei der Hofoper hat sich geleert. Nur drei oder vier der Stammgäste, die jeden Tag bis zur Sperrstunde bleiben, sitzen noch in ihrer Ecke und trinken. Der Rest des Lokals ist gefüllt mit Ensemble-Mitgliedern des Hofburgtheaters. Niemand wollte nach dem Besuch des Kaisers nach Hause gehen.

Es dürfte das erste Mal gewesen sein, dass in einem Lokal, in dem keine Musik gespielt wird, so viele Menschen so innig getanzt haben und dabei gar nicht aufhören konnten zu lachen. Draußen vor der Tür hört man keine Pferdehufe mehr auf dem Kopfsteinpflaster klackern, der Abend ist weit in die Nacht vorangeschritten.

Immer wenn die Krüge leerer werden und sich die Ausgelassenheit in Müdigkeit verwandeln könnte, hört man Mozarts Stimme von irgendwo rufen: »Machen Sie noch ein Fass Wein auf. Ich bezahle!« Die Musik, die Da Ponte in seinem Kopf hört, dürfte in jedem Fall sehr gemächlich sein. Seine Tanzbewegungen nehmen an Geschwindigkeit ab, als Ausgleich tanzt er mit zwei jungen Damen zeitgleich.

Mozart sitzt wieder auf einem Holzstuhl. Es wären viele Sessel frei, aber Nancy Storace entschließt sich nicht neben, sondern auf ihm Platz zu nehmen. Ihre Röcke wallen sich, eine Hand legt sich um Wolfgangs Nacken, während sie zärtlich seinen Hals küsst. Die Fenster sind zur Gänze angelaufen, eine Nebelwand trennt das Lokal vom Kohlmarkt. Eine Mischung aus Schweiß und Alkohol erfüllt die Luft des Raumes. Aus dem Augenwinkel erkennt Mozart eine kleine, dunkle Gestalt vor dem Fenster, die versucht, einen Blick auf die Festgesellschaft zu erhaschen.

Da Ponte hingegen hat in langen, schlingernden Tanzwegen beide seiner Gespielinnen verloren. Seine Augen sind geschlossen und die Lippen formen einen Kussmund. Sowohl Tanzpartnerinnen als auch Musik sind Teil seiner lebendigen Fantasie.

»Stanzi!«, ruft Mozart, als auf einmal seine Frau vor ihm und der noch immer mit seinem Nacken beschäftigten Nancy Storace steht. Für einen Augenblick lässt sie davon ab. Wolfgang wird innerlich heiß und kalt, er überspielt die Situation durch übertriebenes Lachen. »Komm doch her und trink etwas mit uns. Stell dir vor, wir dürfen die Tanzszene im Figaro mit Musik aufführen, ist das nicht großartig?«, fragt er seine Frau, die noch immer ruhig und regungslos vor ihm steht.

Langsam, aber mit lauter und starker Stimme sagt sie: »Komm jetzt nach Hause.«

Mit einem Moment wird es still im Lokal, und die Aufmerksamkeit der gesamten Gesellschaft richtet sich auf die drei. Da Ponte tanzt heran, schnappt Constanze von hinten an den Hüften und beginnt, sie im Kreis zu drehen: »Ist das nicht wunderbar, Constanze? Wir tanzen zur Musik. Das muss doch gefeiert werden.« Mit jeder Drehung versucht Da Ponte sie weiter weg von Mozart zu manövrieren, doch egal, in welche Richtung ihr Körper zeigt, ihr Kopf dreht sich stets zu ihrem Mann. Nancy Storace küsst Mozart auf den Mund. Constanze reißt sich los und stürmt auf ihren Mann zu. Da Ponte bemerkt es nicht und tanzt unbeeindruckt weiter.

»Wolfgang Amadé Mozart, du kommst sofort mit mir. Wir gehen nach Hause«, sagt sie in strengem Ton. Ihre Blicke treffen einander. Die Menschen, der Raum, die Geräusche versinken in Unschärfe. Mozart sieht nur ihre Augen. In ihnen ein Meer aus Kummer, Verletzung, Trauer, aber auch den großen Wunsch, jetzt stark zu sein, sich keiner Blöße hinzugeben. Langsam scheint die Kontrolle ihres Körpers vom Kopf ins Herz zu fließen. Sie möchte alles, nur das nicht. Ein feuchter Film überzieht ihre Iris und lässt die Augen noch größer glänzen. Der Schein der Kerzen spiegelt sich in ihnen. Es folgt ein Blick, der Mozart ins Herz trifft. Keine Spur von Wut oder Strenge ist in ihr zu sehen. Mit einem leichten Druck seiner Handfläche auf Nancy Storaces Hüfte deutet er der Sopranistin, von seinem Schoß aufzustehen. Sie zieht ihr Kleid gerade, lächelt Constanze siegessicher an und geht mit Da Ponte tanzen. Wolfgang nimmt seine Frau an der rechten Hand, drückt mit der linken dem Wirt einen Sack Münzen in die Hand und verlässt das Lokal. In der Dunkelheit gehen die beiden über das Kopfsteinpflaster vom Kohlmarkt Richtung Graben. Ein paar Ratten kreuzen ihren Weg und huschen im Schutz der Dunkelheit von einem Kanalgitter zum nächsten. Constanze bleibt stehen, dreht sich zu ihrem Mann und schaut ihm tief in die Augen. Er sieht ihr ganzes Leben in ihnen. Die verlorenen Kinder, die übermächtige Schwester, die sie stets des Platzes verwiesen hat, ihre Unsicherheit, Angst, ihn zu verlieren. Mozart umschließt sie, gibt ihr einen Kuss auf die Stirn: »Sie ist Muse. Sie bringt mich in Stimmung, diese Oper zum Erfolg zu führen. In einer Woche ist Premiere, aber du – Constanze – bist meine Frau. Dich liebe ich und werde ich immer lieben.« Jetzt verliert sie die Kontrolle. Tränen laufen ihre Wangen hinab.

»Wie lange noch, Wolferl?« Er drückt sie an sich und flüstert ihr ins Ohr: »Nach dem Figaro. Dann geht sie zurück nach London.« Sie setzen sich wieder in Bewegung

Mozart legt seinen rechten Arm um ihre Schulter, ihre linke Hand drückt seine Hüfte fest an sie. Bald sind sie zu Hause.

Kapitel 11

Er war es, der sein Genie erkannte, als Wolfgang noch kaum laufen konnte. Er hat ihn als kleines Kind an den Höfen Europas auftreten lassen. Er wollte, dass die ganze Welt wusste, dass sein Kind ein Wunderkind und er selbst der beste musikalische Lehrer der Welt sei. Er habe immerhin den »Versuch einer gründlichen Violinschule« geschrieben, das Standardwerk der Violinkunst. Er habe seinem Sohn immer eine Festanstellung und damit wirtschaftliche Absicherung und höheren sozialen Status ermöglichen wollen. Wolfgang, für den er alles getan, sich geopfert hat, jetzt tut er auch das noch seinem alten Vater an. Undankbarkeit! Dieser Bursche regt die arme Mutter, seine Frau, durch seinen verrückten Lebensstil, seine Unstetigkeit so sehr auf, dass sie in Paris stirbt, dann verärgert er den gemeinsamen Brotgeber, Fürsterzbischof Colloredo, dass er des Dienstes verwiesen wird. Anstatt sich zu entschuldigen, geht er frech ohne irgendeine Form der Absicherung nach Wien.

Leopold Mozart sitzt an seinem Tisch, ein Holzkreuz hängt an der Wand, Jesus blickt auf ihn herab. So wie alle. Immer hat man auf ihn herabgeblickt, egal wie sehr er sich bemüht hatte, dazuzugehören. Er ist zutiefst enttäuscht. Er ist wütend. Sein Lebenswerk scheint ihm aus den Fingern zu gleiten. Sein Sohn schreibt ihm aus Wien, Graf Arco, Freund der Familie und Sekretär des Fürsterzbischofs, hätte Wolfgang angefahren und ihm einen Spitzbuben ausgemacht, er hätte deshalb beim Fürsterzbischof einen Tritt in den Arsch bekommen, wenngleich dieser auch ein fürstlicher gewesen sei. Er würde sich nicht weiter einem Ort aufopfern, an dem er schlecht bezahlt sei, obendrein verachtet und verspottet werde. Da hilft es auch nichts, dass er schreibt, *er küsse seinem*

Vater tausend Mal die Hände und sei sein gehorsamster Sohn. Ist er nicht. Er ist ein undankbarer Lump. Es kostete Leopold Mozart die größte aller Mühen und die untertänigsten Entschuldigungen bei Colloredo, um zumindest seine eigene kleine Anstellung behalten zu dürfen. Sonst wäre er auch noch ein nichtsnutziger Tagelöhner wie sein Sohn. Leopold Mozart lebt allein mit seiner Tochter Nannerl in Salzburg, während sein Lebensinhalt, sein Sohn Wolfgang, der mit seinem Talent Ruhm, Anerkennung und Reichtum über die Familie hätte bringen können, sich in Wien ein Zimmer zur Untermiete bei diesen Weberischen nimmt. Jene unsägliche Familie, wegen der Wolfgang schon Jahre zuvor seine geplante Paris-Reise abbrechen wollte.

In Wien steht sein Sohn mit kleinem, braunem Koffer vor dem »Haus zum Auge Gottes« auf dem Petersplatz. Die Erinnerung an den unglücklichen Abschied aus Mannheim, an seine Absage, doch nicht mit der schönen Aloisia und ihrem Vater nach Italien zu reisen, scheint völlig verflogen. Maria Cäcilia Cordula Weber umarmt ihn zur Begrüßung. Ihr Mann sei schon vor einigen Jahren verstorben, Aloisia sei mittlerweile verheiratet. Alle leben jetzt hier in Wien. Ihren verbliebenen Töchtern wurde ein neuer Vormund zugewiesen. Ein gewisser Johann Thorwart. Sohn eines Bierschankwirts, der es – ohne irgendeine Form von Ausbildung – zum Besitzer von drei Stadthäusern gebracht hatte und ein reicher Mann sein dürfte. Einst war er Kammerdiener, dann wollte er Leichenbeschauer werden, hat aber letztendlich die Kultur als neues Betätigungsfeld für sich gewonnen, in dem sich für ihn ein Vielfaches seines offiziellen Gehalts verdienen ließe. Als Vizedirektor und rechte Hand des Hofoperndirektors Orsini-Rosenberg entscheidet allein er über die Zulassung von Akademien, also von Künstlern selbstständig organisierten Konzerten, oder platziert die Claqueure im Zuschauerraum. Erfolg oder Misserfolg eines Stücks liegen in seinen Händen. Möglich, dass sich darüber durchaus zusätzliche Einnahmen generieren lassen. Als Vormund der Weber-Töchter achtet er penibel darauf, dass ihnen niemand zu nahe kommt. Sollte sich doch jemand erdreisten, sind eine Hochzeit oder jährliche Apanagen an die Mutter fällig. Der Mann mit dem grobschlächtigen Gesicht dürfte wenig Spaß verstehen, steht in der Türe und reicht Mozart seine Pranke. Freundlich erwidert Wolfgang die Begrüßung. Er versucht, den Schmerz in seiner Hand zu verbergen, weil Constanze im Vorraum der kleinen Wohnung auftaucht und er sich vor ihr keinerlei Blöße geben möchte. Aus dem Kind aus Mannheim ist eine hübsche, junge Frau geworden. Ihre Augen leuchten wie damals, sie macht einen schüchternen Knicks, nimmt Mozarts Koffer und bittet ihn, ihr auf sein Zimmer zu folgen. Eine Kammer unter dem Dach, ein Bett, ein Schrank, ein Tisch und ein Sessel erwarten Mozart. Einfach, aber gemütlich. »Um sieben Uhr wird immer zu Abend gegessen.« Constanze macht einen Knicks und verlässt den Raum.

Mozart ist fasziniert von dem Mädchen. Das erste Mal seit dem Tod seiner geliebten Mutter fühlt er sich umsorgt und geborgen. Sein Vater Leopold hatte stets alles getan, damit sich die Glückseligkeit niemals zu sehr in ihm ausbreitete. Es war sein Ansinnen, ihm niemals Ruhe zu lassen, ihn von einer Stadt zur nächsten, von einem Auftritt zum nächsten zu peitschen.

Wenn er keine Konzerte spielte, hatte er zu üben. Hatte er nicht zu üben, musste er Mathematik, Algebra und Sprachen erlernen. Jetzt – im Alter von 25 Jahren – darf Mozart erstmals Kind sein. In Freiheit und Unabhängigkeit leben, ohne sich dabei allein und verlassen fühlen zu müssen.

Es war die richtige Entscheidung gewesen, die Fesseln des Fürsterzbischofs und des Vaters abzuwerfen. Keine Vorwürfe mehr, kein Lamento über Geldsorgen, keine Vorschriften und Standpauken. Er, Joannes Chrysostomus Wolfgang Theophilus

Amadeo Mozart ist nun endlich frei, Constanze Weber ist an seiner Seite und lässt ihn sein, wie er ist.

Sagt ihm nie, was er und wie er es zu tun habe.

Sie ist bei ihm, sie redet und lacht mit ihm, hört sich seine Kompositionen an und singt sie als erste. Mozart ist unabhängig und glücklich mit seinem Leben wie niemals zuvor. So kommt es, dass aus der Vermieterinnentochter eine Freundin und aus der Freundin seine Geliebte wird. *Für mein Metier ist Wien der beste Ort der Welt,* schreibt Mozart in einem Brief an seinen Vater, dann rechnet er ihm vor: *Ich habe nun drei Schülerinnen. Da komme ich auf 18 Dukaten. Monatlich. Auf diese Art will ich noch mehr bekommen. Ich brauche aber nur eine Schülerin mehr, dann habe ich 24 Dukaten. Mit diesen kann man mit seiner Frau still und ruhig auskommen. Ich kann dazu noch jährlich eine Oper schreiben und Akademien geben.*

Leopold Mozart hält den Brief in zitternden Händen. Er ist argwöhnisch. Zwei ganze Tage hat er ihn liegengelassen, ohne das Siegel zu öffnen, weil er wusste, dass keine freudvollen Nachrichten in ihm zu finden sein werden. Nicht nur, dass sein Sohn die von ihm mühevoll organisierte Anstellung aufgibt, geht er einfach nach Wien, löst sich aus seiner Obhut und will jetzt anscheinend auch noch heiraten. *Wer sei denn der Gegenstand deiner Liebe? Doch nicht etwa eine Weberische?,* fragt der Vater erzürnt.

Ja, es sei eine Weberische. Aber nicht Josepha, nicht Sophie, sondern Constanze, antwortet Wolfgang. Leopold Mozart ist nicht nur erzürnt, er ist fuchsteufelswild. Sein Sohn hätte sich mit Besserem umgeben, der Familie einen gesellschaftlichen Aufstieg ermöglichen, eine fixe Anstellung anstreben und das tun sollen, was er von ihm erwartet, habe doch er als Einziger und Erster das musikalische Wunder in seinem Kind erkannt. Er war es, der sah, dass Wolfgang im Alter von nur drei Jahren jedes Stück am Klavier fehlerfrei nachspielen konnte.

Er war es, der ihn unterrichtete und ihm Gehör und Unterstützung angedeihen ließ. Vergnügungs- und Verschwendungssucht sei der Dank dafür.

Mit der Beantwortung der Anfrage um Zustimmung zur Hochzeit lässt sich Leopold Mozart erneut Zeit. Am 4. August 1782 heiraten Constanze Weber und Wolfgang Amadé Mozart im Rahmen einer kleinen Zeremonie im Dom zu St. Stephan in Wien. Zwei Tage später erreicht das Brautpaar der Brief des Vaters mit der widerwilligen Zustimmung des Vaters zur Hochzeit.

Kapitel 12

»Wer ist denn dieser griesgrämige alte Mann, der keine Sekunde irgendwo sitzt, von einer Gruppe zur nächsten schleicht und überall seine Ohren anlegt?«, fragt Francesco Benucci Therese von Trattner. Sie meint, es sei Leopold Mozart, der Vater von Wolfgang. Ja, auch er ist an diesem Sonntagabend gekommen, genauso wie alle anderen.

Jeder, der etwas in Wien zu bedeuten hat, oder etwas zu bedeuten haben möchte, ist am dreißigsten April in die Wohnung der Mozarts eingeladen. Mit einem Schlag haben sich seine Freunde vermehrt, es scheint, als gäbe es kaum mehr jemanden in der Stadt, der nicht von sich behauptet, eng mit Mozart zu sein, sich nicht Geld von ihm borgt, ihn einlädt oder sich von ihm einladen lässt. Menschen, die ihn noch vor wenigen Monaten sehr wohl kannten, aber nicht kennen wollten, verbeugen sich heute vor ihm, wenn er durch die Straßen geht. Das Risiko ist überschaubar. Wird seine Oper ein Erfolg, haben sie es immer schon gewusst. Wird sie ein Misserfolg, können sie sich ja immer noch wie früher benehmen. Morgen ist Premiere der *Hochzeit des Figaro*, heute schon gibt Wolfgang die eine oder andere Melodie daraus zum Besten. Alles schart sich um den Star des Abends. Constanze weicht ihm nicht von der Seite, und er hält bei jeder Gelegenheit ihre Hand. Nancy Storace ist ebenso da und unterhält jene Herren, die gerade ihre Geldeinsätze für den Gewinn des nächsten Spiels auf den Tisch legen. Leopold Mozart beobachtet die Szene argwöhnisch und geht zu Wolfgang, um sich zu beschweren, dass dessen Freunde um die gleiche Summe Geld spielten, von der eine Salzburger Familie einen Monat leben würde. Mozart antwortet frech: »Spielen Sie doch auch mit!

Dann gibt es vielleicht auch für Sie doppeltes Gehalt.« Empört kündigt Leopold Mozart an, auf seine Kammer zu gehen.

Als das letzte Weinfass gegen zwei Uhr morgens geleert ist und auch die letzten Gäste in die laue Frühlingsnacht entschwunden sind, lassen sich Wolfgang und Constanze, noch in voller Kleidung, rücklings in ihr Bett fallen.

»Meinst du, das wird heute gut?«, fragt Mozart seine Frau, während er an die Decke starrt. Constanze nimmt seine Hand und dreht sich zu ihm: »Du hast es gemacht. Es wird die beste Oper, die Wien jemals gehört hat.«

»Wo ist er denn? Wo denn? Das gibt es doch nicht.« Lorenzo Da Ponte läuft quer durch das Opernhaus auf und ab, schaut alle fünf Sekunden auf die Uhr und ist nervös. Die Damen und Herren der Wiener Gesellschaft haben Tage zuvor ihre feinsten Roben und edelsten Perücken vorbereitet. An diesem ersten Mai findet in der Wiener Hofoper im Burgtheater am Michaelerplatz um halb sieben die Uraufführung der Oper *Die Hochzeit des Figaro* von Wolfgang Amadé Mozart mit dem Libretto von Lorenzo Da Ponte statt.

Vierhundertfünfzig Gulden bekommt Mozart dafür, zweihundert Da Ponte.

Die ersten Gäste betreten das Opernhaus, die Musiker stimmen ihre Instrumente ein letztes Mal. Alle Plätze des Orchesters sind besetzt, nur der Hocker vor dem Cembalo in der Mitte steht nach wie vor leer. Der Platz, den Mozart einnehmen soll. Die besten Sängerinnen und Sänger, die Wien aufzubieten hat, singen Tonleitern in ihren Garderoben.

Stefano Mandini, Luigia Laschi-Mombelli, Francesco Benucci und natürlich Nancy Storace. Der Kaiser hat in seiner Loge Platz genommen, Direktor Rosenberg zu seiner Rechten, Hofkomponist Salieri zu seiner Linken. Das Publikum im Parkett erhebt sich. Er wendet sich der Loge seiner Majestät zu und verbeugt sich. Mit einer Handbewegung bedeutet der Herrscher dem Volke Dank und Gruß. Da Ponte späht in den Zuschauerraum und sucht Mozart.

In dieser Sekunde öffnet sich die Doppelflügeltür am hinteren Ende des Saals, und Wolfgang Amadé Mozart betritt die Hofoper. Der kleine Mann schreitet den Mittelgang nach vorne. An seinem Cembalo angelangt, dreht er sich um, verbeugt sich vor seiner Majestät und sagt: »Immer unpünktlich, aber nie zu spät.«

Da Ponte wischt sich den Schweiß von der Stirn, die Augen der Musiker sind auf Mozart gerichtet, er legt seine Hände auf die Tasten, hebt seinen Kopf an, um dem Orchester den Anfang zu deuten, dann fallen zeitgleich Kopf und Finger hinab und ein musikalisches Feuerwerk aus Instrumenten, Stimmen und Tönen bringt die Wiener Hofoper zum Beben. Den Anfang – die Ouvertüre – hat Mozart am Schluss als Zusammenfassung des Werkes komponiert.

Constanze ist zeitgleich mit ihrem Mann in den Saal gekommen und hat auf ihrem reservierten Sitzplatz in der ersten Reihe, gleich neben Leopold Mozart, Platz genommen. Der Vater sitzt mit verschränkten Armen und schüttelt den Kopf. Sie lächelt ihn an, wendet sich der Bühne zu und verdreht die Augen. Immer wieder bricht während der Vorstellung überraschender Beifall aus, einige Arien sind von unendlicher Schönheit, Liebreiz und Schmerz, dass manchen im Publikum Tränen die Wangen hinablaufen. Hofkompositeur Salieri legt seine Ellenbogen auf die Brüstung der Loge, stützt seinen Kopf in die Hände und sieht gebannt auf die Bühne. Rosenberg versucht in der Miene des Kaisers zu lesen. Assistent Reichenau flüstert immer wieder hektisch mit Bediensteten des Theaters. Thorwart ist nicht anwesend. Ihm ist es nur wichtig, dass am nächsten Tag der Kassastand in Ordnung ist. Mit Musik hat er nichts am Hut. Nach vier Aufzügen endet an diesem Montag, dem ersten Mai, die Uraufführung dieser ersten italienischen Oper von Mozart und Da Ponte. Der Applaus startet verhalten, erst nachdem der Kaiser aufsteht und zu klatschen beginnt und »Bravo« ruft, bricht im Saal Jubel aus. Minutenlang steht Mozart in der Mitte des Orchesters und verbeugt sich, dann tritt Da Ponte zu ihm. Sie umarmen und verbeugen sich. Immer wieder treten die Sängerinnen und Sänger hinter dem Vorhang hervor. Alle, bis auf Nancy Storace. Sie hat ihren Frühlingspelz übergeworfen, steigt vor dem Theater in eine herrschaftliche Kutsche, lehnt ihren Kopf nach hinten, um nicht gesehen zu werden, und wartet einige Minuten. Dann öffnet ein Diener die Tür, und der Kaiser steigt zu ihr. Die Kutsche setzt sich in Bewegung und fährt in die Nacht.

Kapitel 13

»Abgesetzt? Was heißt abgesetzt? Sehen Sie nicht die Schlangen von Menschen vor ihrem Theater, die sich täglich anstellen, um eine Karte für die *Hochzeit des Figaro* zu ergattern?« Lorenzo Da Ponte steht vor dem Schreibtisch Rosenbergs. Der Theaterdirektor, in seinem gepolsterten, gold-verzierten Stuhl, spielt mit seiner Feder herum. Reichenau, der Assistent des Hofoperndirektors, rollt eine Weisung des Kaisers in seinen Händen aus, legt seinen Kopf leicht nach hinten, streckt seine Arme vor sich aus – es fällt ihm schwer, die Buchstaben zu erkennen – und liest die Weisung seiner Majestät vor: »Nach dem neunten Mai darf es keinerlei Ensembleeinsätze mehr für die *Hochzeit des Figaro* geben.« Rosenberg gähnt. »Eine Entscheidung seiner Majestät«, sagt er und zuckt mit den Schultern, »wir haben damit auch wirklich gar nichts zu tun. Bitte bestellen Sie auch Herrn Kapellmeister Mozart unser ausdrückliches Bedauern.«

Wortlos dreht sich Lorenzo Da Ponte um und verlässt das Büro des Hofoperndirektors. Vor dem Haus steht das Publikum Schlange, um Karten für eine der Aufführungen zu bekommen. Da Ponte verbeugt sich höflich vor den Menschen und geht direkt zu Mozarts Wohnhaus. Alle Zeitungskritiken liegen ausgeschnitten auf dem Tisch. Constanze und Da Ponte sitzen, Mozart geht im Kreis und zitiert aus den Artikeln: *»Die Musik ist ein Meisterstück der Kunst. Sie enthält so viele Schönheiten und einen solchen Reichtum von Gedanken, die nur der Quelle eines Genies entstammen können«*, steht da, *»Eine Komödie der Lüste«*, *»Maestro Mozart hat eine völlig neue, moderne Form der Oper erschaffen«*, zitiert er die Auszüge aus den Zeitungen, *»Was in unseren Zeiten nicht erlaubt ist, gesagt zu werden, wird gesungen«*, schreibt die

Wiener Realzeitung. Er ist erbost ob der Entscheidung der Absetzung seiner Oper und möchte eine Audienz beim Kaiser. Er muss vom Gegenteil überzeugt werden. Da Ponte stützt sein Kinn auf seine Handfläche und verdreht nachdenklich die Augen in Richtung Zimmerdecke. »Ich denke«, beginnt er zu sprechen, »dass der Kaiser doch mehr Italienisch versteht, als wir dachten, und er fürchtet, es könnte sich bei uns auch französisches Gedankengut, ein Aufstand der Bürger gegen den Hof, verbreiten.«

Constanze sitzt ruhig auf ihrem Sessel und denkt über die Ausführungen der beiden Männer nach. Als es still wird, steht sie auf und sagt: »Es ist gut so.«

Da Ponte und Mozart sehen sie verständnislos an. »Ja, was wäre denn die Alternative? Es würde so lange gespielt, bis irgendwann weniger und dann noch weniger Leute kämen. So spricht die ganze Stadt von eurer Oper, jeder will sie sehen und auf einmal: ist sie wieder weg. Einen besseren Start für die nächste Oper könnt ihr gar nicht bekommen!«

Erneut Stille. Die beiden sehen noch ein paar Sekunden auf Constanze, dann einander an. Da Ponte springt als Nächstes auf. »Welch wunderbarer Gedanke, geliebte Constanze. Wir dürfen uns nicht auf die vergangenen Szenen beschränken. Rosenberg hat uns mit dieser kleinen Intrige beim Kaiser die Türen und Tore seiner Oper geöffnet. Es wird unsere werden. Eine Oper nach der anderen werden wir aufführen, und das Publikum wird Rosenberg dazu zwingen, uns auf seine Bühne zu lassen. Nun hat er verloren.

Leopold Mozart betritt den Raum aus einem Hinterzimmer, und zieht seinen schweren Koffer in Richtung Ausgang. »Constanze, Herr Hoflibrettist – ich darf mich empfehlen. Danke für Ihre Gastfreundschaft«, sagt er und reicht beiden kühl die Hand, er fügt hinzu: »Man sollte sich vielleicht ein paar Feinde weniger machen in dieser Stadt, dann wird man länger aufgeführt.«

Wolfgang übergeht die Spitze, nimmt den Koffer aus seiner Hand und begleitet ihn die Treppen hinunter. Vor dem Haus wartet Leopolds Kutsche. Constanze und Da Ponte stehen am Fenster und beobachten, wie der Fuhrmann das Gepäck verstaut und sich Wolfgang vor seinem Vater verbeugt, um ihm die Hand zu küssen. Leopold steigt ein, da berührt ihn sein Sohn noch einmal am rechten Schulterblatt. Der Vater dreht sich um, sein Gesicht trägt die Verbitterung eines Mannes, dem bewusst geworden ist, seine Aufgabe verloren zu haben. Das erste Mal seit Jahren wirft Wolfgang beide Arme um seinen Vater und drückt ihn an sich. Eines der Pferde schnaubt. Auch Leopold nimmt seinen Sohn in den Arm. Ihr Lebensweg hat sie voneinander entfernt. Sie wissen, beide wären heute nicht dort, wo sie sind, ohne den anderen. Einer ist aufstrebender Star am Wiener Musikhimmel, der andere versteht die Welt nicht mehr. Sie hat sich zu schnell weitergedreht. Möglicherweise ist das die erste und letzte Umarmung der zwei Männer gewesen. Leopold Mozart löst seine Arme und steigt, ohne ein Wort zu sagen, in die Kutsche nach Salzburg. Jene Stadt, die ihm sein ganzes Leben quälende Heimat war.

Wolfgang Amadé Mozart sieht der Kutsche noch nach, bis ihr Schatten um eine Hausecke in der Abendsonne verschwindet.

Kapitel 14

»Falsch! Falsch! Falsch!«

Mit jeder Wiederholung wird seine Stimme lauter und lauter. Jetzt stellt er Fragen, die man besser nicht beantwortet. »Was denkst du, wofür ich einen Lehrer für dich bezahle? Bist du wirklich so dumm?« Alles, was Lorenzo Da Ponte, der zu diesem Zeitpunkt noch Emanuele Conegliano heißt, jetzt seinem Vater antworten könnte, würde es nur noch schlimmer machen. An dieser Stelle ist Schweigen und Deckung angesagt. Sein Siedepunkt ist erreicht. Wenn die Emotionen des Gerbers Geremia Conegliano aus Ceneda überkochen, dann ist es nicht vorherzusehen, wodurch und wann das geschieht, es kann jederzeit und immer passieren. Man muss stets auf der Hut sein und sollte in unklaren Situationen niemals auffallen. Vor allem wenn er getrunken hat. Ausbrüche kündigen sich nicht an. Sie können überall und jederzeit vorkommen. Jetzt ist es wieder so weit. Lorenzo Da Ponte wird von hinten an den Haaren von seinem Stuhl gerissen. Die Lehne des Sessels prallt auf dem Boden auf. Den Schlag auf das Steißbein spürt er bis in die Schulter. Jetzt kann der Zehnjährige nur noch versuchen, seinen Kopf und sein Gesicht mit Armen und Händen zu schützen. Mit der Rechten schleift der Gerber seinen Sohn an den Haaren quer durch den Raum, während er mit der Linken immer wieder versucht, sein Gesicht zu schlagen. Am oberen Absatz der Treppe angelangt, zieht er nochmals seinen Sohn nach hinten, um ihn mit vollem Schwung kopfüber die Stufen hinunterschmeißen zu können. Der Zehnjährige bleibt unten reglos liegen. Jeder Atemzug könnte den Vater neu provozieren. Nur keine Bewegung. Jetzt fliegen ihm die Lernunterlagen hinterher, Geremia Conegliano wirft die Tür ins Schloss und lässt seinen Sohn für die Nacht auf den Treppen liegen. Langsam tastet Lorenzo seinen Körper ab. Bis auf ein paar Abschürfungen und einer Platzwunde an der Lippe dürfte nichts passiert sein. Lorenzo würde weinen, hat er aber nicht mehr, seit seine Mutter, als er fünf Jahre alt war, gestorben ist. Seit ihrem Tod kam keine einzige Träne mehr aus seinen Augen. Alle sagen, er hätte ein vortreffliches Gedächtnis, eine schnelle Auffassungsgabe und eine Leichtigkeit im Ausdruck, sein Vater allerdings sieht das anders. Seit er fünf Jahre alt ist, sehnt er sich danach, zu lernen und zu lesen. Erst vor einigen Wochen ist dem Vater aufgefallen, dass seinem Sohn noch keinerlei Ausbildung zugutegekommen war. Seit drei Wochen war der Bauernsohn von nebenan als sein Lehrer engagiert, aber damit ist es vorbei. Dieser Junge sei einfach zu dumm und brauche keinerlei Unterricht mehr, meint der Vater.

Lorenzo Da Ponte geht täglich hinauf auf den Speicher, um die alten Bücher seiner Eltern zu lesen. Oft viermal hintereinander liest er dieselben Wälzer. Tagsüber arbeitet er, sobald er die eine oder andere Münze dafür bekommt, trägt er sie zum alten Buchhändler Adriano auf dem Domplatz, um sich von ihm neue Werke auszuleihen. Oft bringt er einen Wälzer schon nach einem Nachmittag wieder ausgelesen zurück. Eines Tages bietet ihm der Buchhändler ein Gegengeschäft an. Für etwas Leder aus der Gerberei seines Vaters bekäme er zehn Bücher zu lesen. Heimlich schleicht sich Lorenzo in die Werkstatt seines Vaters, nimmt eine Rolle des Leders, versteckt sie, eingeklemmt zwischen seiner Hose unter seinem Hemd auf dem Rücken und schleicht sich aus dem Haus. Die Frauen der Nachbarschaft sehen ihn. Eine sagt: »So ein junger Mann und schon so einen schrecklichen Buckel.« Lorenzo dreht sich um, in diesem Moment fällt die gestohlene Rolle Leder hinab und liegt auf dem Weg. Am Abend setzt es fünfundzwanzig Hiebe mit der Gerte. Der Bischof von Ceneda hört Emanuele aufmerksam zu. Der Junge kniet auf dem Holzbrett des Beichtstuhls und schämt sich für seinen Diebstahl. Der gütige Pfarrer lacht ihn an: »Als Buße musst du deine Bücher fortan in unserer Kirchenbibliothek ausleihen.« In der Sakristei lässt er ihm den Schlüssel dafür aushändigen. Zwischen den beiden entsteht eine Freundschaft und enge Bindung, die wenige Jahre später darin endet, dass Bischof Da Ponte jenen jungen Mann adoptiert und er fortan seinen Namen – Lorenzo Da Ponte – tragen wird.

Kapitel 15

»... *und deshalb wäre es uns eine außergewöhnliche Freude und Ehre, wenn Sie hochverehrter Herr Maestro Mozart der Aufführung ihrer außergewöhnlichen Oper Le nozze di Figaro in unserem Opernhaus in Prag beiwohnen würden. Hochachtungsvoll, die Gesellschaft großer Kenner und Liebhaber.*«

Mozart hält den Brief für ein paar Sekunden in der Hand, bevor er laut ausruft: »Stanzi, wir fahren nach Prag!« Mit einem Korb voll Wäsche, steht seine Frau in der Tür und sieht ihn fragend an. »Stell dir vor, sie spielen den Figaro in Prag und wir fahren hin! Der Franz soll mit, der Anton Stadler natürlich auch – die in Prag sollen auch einmal den besten Klarinettisten der Welt sehen und natürlich einen Bediensteten, weil wir ja nicht alles alleine machen können. Da Ponte und den Gauckerl packen wir auch ein.« Wolfgang ist begeistert

»Was? Der Hund auch?«, wirft Constanze ein.

»Ja, der Hund auch! Wir brauchen zwei Kutschen, vier Fässer Wein, und ich lade alle ein.« Er setzt einen Brief an seinen Freund Graf Thun auf, um ihn zu fragen, ob er mit seinen Freunden ein paar Tage bei ihm, in seinem gräflichen Palais, logieren könne.

Da Ponte ist frisch verliebt. Er kann nichts denken, nichts schreiben, nichts tun. Nur verliebt sein. Das, nicht die verkündete Überarbeitung, ist der wahre Grund dafür, dass Familie Mozart samt Hund Gauckerl, Bediensteten, Schwager und Freunden die luxuriöse Reise ohne ihn antritt. Acht Pferde vor zwei Kutschen bringen die Truppe in knapp drei Tagen von Wien nach Prag. Es wird gesungen und gelacht. Die Weinfässer leeren sich. Mozart erfindet für alle Mitreisenden tschechisch klingende Spitznamen.

Der stark erkältete Geiger Franz de Paula Hofer wird zu »Rozka-Pumpa«, Kaspar Ramlo, der Bratscher, zu »Schuri-Muri« und der Klarinettist Stadler muss im Tschechischen fortan »Natschi-binitsch-bi« – in Mozarts freier deutscher Übersetzung »Ein Schwein bin i« – genannt werden.

Gleich am ersten Abend begleiten sie Graf von Thun auf einen Ball. Mozart berichtet in einem Brief an seinen Vater: *Ich sah mit ganzem Vergnügen zu, wie all diese Leute zur Musik meines Figaro so innig vergnügt herumsprangen. Hier wird von nichts gesprochen, als vom Figaro, nichts gespielt, geblasen, gesungen als Figaro, keine Oper besucht, als der Figaro. Ewig Figaro. Gewiss, eine große Ehre für mich.* Wenige Tage später wird Mozart gebeten, ein Konzert in Prag zu geben. Der Lohn: tausend Gulden. Während seine Mitreisenden über die Karlsbrücke flanieren, zieht sich Wolfgang für ein paar Stunden in sein Zimmer im Palais des Grafen Thun zurück. Kurz darauf hat er ein neues Werk komponiert: die *Prager Sinfonie*.

»Ich liebe diese Stadt. Sie erkennt mich und liebt mich zurück«, sagt er nach seinem Konzert. Das Publikum kann nicht genug von dem Star aus Wien bekommen. Als Wolfgang mit seiner gesamten Gruppe ein paar Tage später eine Aufführung des Figaro besucht, lassen die Menschen Blumen und kleine Zettel mit deutschen Gedichten von den Rängen auf Mozart hinabregnen.

»Sie sehen dich alle an! Diese Frauen. Sie lächeln dir zu, sie winken dir. Sie richten sich auf, strecken ihre Brust heraus und blitzen dich von unten mit ihren Augen an. Was ist das denn für eine Stadt hier?« Constanze ist eifersüchtig. Hand in Hand spaziert sie mit ihrem Mann am Ufer der Moldau. »Ach, Stanzi. Das bildest du dir ein. Prag ist eine wundervolle Stadt, hier ist Frühling und alle Menschen sind glücklich.« In diesem Moment bücken sich zwei junge Damen, in opulenten, weißen Kleidern zu Gauckerl, dem kleinen Hund der Mozarts, und streicheln ihn.

Ein entzückender Hund, wie er denn heiße, wie alt er sei und ob er nicht zufällig Maestro Mozart aus Wien sei, wollen sie von Wolfgang wissen. Stolz beantwortet er alle Fragen und wird von den beiden zu einem Empfang am nächsten Tage eingeladen. Constanze steht unbeteiligt daneben und räuspert sich. Wolfgang dreht sich zu ihr, nimmt wieder ihre Hand, stellt sie als seine Frau vor und lehnt die Einladung dankend ab. Am nächsten Abend sind sie beim Ehepaar Bondini zum Diner eingeladen.

Caterina und Pasquale Bondini – sie ist gefeierter Star des neu gegründeten Prager Opernensembles und singt die Rolle der Susanna in der »Hochzeit des Figaro«, er wurde berühmt als Gesamtdirektor des Dresdner Hoftheaters, in das Menschen von weit her anreisten, um sich seine Shakespeare-Inszenierungen anzusehen. Heute leben sie in einem Palais in Prag, umgeben von englischem Rasen und akkurat geschnittenen Bäumen. Bondini ist Direktor der Prager Oper und er hat Mozart an diesem Abend ein verlockendes Angebot zu unterbreiten:

Mozart solle eine eigene Oper für Prag komponieren. Bereits im Oktober des Jahres werde die Premiere stattfinden.

Wolfgang ist begeistert: »Welch grandiose Idee! Prag ist die musikalischste Stadt, die ich kenne! Auf Prag!«, ruft Mozart aus und erhebt sein Glas, dann im nächsten Atemzug zu Constanze: »Stanzi, wir reisen morgen zurück nach Wien. Ich brauche ein Libretto von Da Ponte.«

Kapitel 16

Ein wunderschöner Frühlingsnachmittag in Salzburg. Die Hügel rund um die Stadt sind in jungfräuliches Zartgrün getaucht, die Knospen der Kirschbäume gehen langsam weiß-rosa auf, die Vögel zwitschern, das Leben im Tal beginnt von Neuem, während die Berggipfel rund um die Stadt noch schneeweiß glitzern. Durch die Stadt donnert die Salzach und überschwemmt die kleinen Kiesinseln mit frischem Schmelzwasser aus den Kitzbüheler Alpen, reißt mit, was nicht stark genug ist, um später, nach der Vereinigung mit Inn und Donau, ins Schwarze Meer zu münden.

In der Getreidegasse steht ein Fenster offen. Dahinter hat Leopold Mozart gerade ein Musikstück am Klavier gespielt, sein dreijähriger Sohn Wolfgang Amadé läuft währenddessen durch den Raum und kaut mit seinen Milchzähnen an einer Brotrinde.

Leopold Mozart steht auf und verlässt das Zimmer. Der kleine Wolfgang, er reicht kaum über die Klaviatur, nutzt den unbeobachteten Augenblick, hebt seine Arme weit über seinen Kopf hinaus, legt die Hände auf die Tasten des Klaviers und spielt das, eben vom Vater geübte Stück, fehlerfrei aus dem Gedächtnis nach. Leopold hört die Töne und kehrt in den Raum zurück. Im Türrahmen bleibt er stehen. Mit offenem Mund sieht er seinem Sohn zu. Er deutet seiner Frau und seiner Tochter zu kommen. »Hört ihr das? Er benutzt das erste Mal in seinem Leben das Klavier«, flüstert er.

Nach einer Pause ergänzt seine Frau: »Er spielt es eigentlich besser als du. Das ist unglaublich.« Die Spitze überhört Leopold Mozart. Es ist der Moment, in dem er spürt, dass sich sein Leben ändern wird. Aus einem, für ihn unbedeutenden Kind, das ihm bisher lästig war, wird sein neuer Lebensinhalt. Er weiß – als erster

Mensch auf Erden – dass Wolfgang Amadé Mozart ein Wunderkind ist. Ein musikalisches Genie. Und er wird es sein, der diesen Diamant schleifen, ihn lehren und formen wird, mit ihm durch die Welt reisen und ihn berühmt machen wird. Es ist seine göttliche Pflicht. Die Aufgabe seines Lebens. Fortan ist es vorbei mit dem Kinderdasein. Wolfgang muss üben, muss spielen, muss lernen, muss vorführen. Er muss. Für seinen Vater. Für seine Familie. Für die Welt. Das könnte der gesellschaftliche Aufstieg für die Mozarts werden. Sie werden Geld haben, wie Fürsten leben, an allen Höfen Anerkennung und Huldigung ernten. Er wird es sein, dem der Ruhm gebührt. Denn Leopold Mozart wird vor, hinter und neben Wolfgang Amadé stehen. Er wird ihn gemacht haben. Dann ist es vorbei mit dem ehrbaren, aber selbstgefälligen Kleinbürgertum. Das ist die langersehnte Adelung. Vor weniger als zwanzig Jahren war er noch Kammerdiener und Violinist des Salzburger Domherren Graf Thurn und Taxis. Heute ist er Musiker und Autor des wichtigsten Lehrbuches für Violinspiel. Aber morgen wird ihn die ganze Welt kennen.

Wolfgang Amadé merkt erst jetzt, dass er von seiner Familie beobachtet wird. Er hört mit dem Spiel auf, dreht sich um, versteckt seine Hände hinter dem Rücken, senkt den Kopf und murmelt: »Entschuldigen Sie, Herr Vater. Ich weiß, ich darf das Klavier nicht berühren.«

Mit erhobenem Zeigefinger geht Leopold Mozart nun auf seinen Sohn zu und wiederholt die Worte: »Struktur und Ordnung. Struktur und Ordnung, Wolfgang. Du darfst in Zukunft öfter das Klavier benutzen. Du musst sogar. Aber: ich werde dich lehren, es richtig zu spielen. Du musst fleißig sein, Ordnung halten und stets dein Bestes geben. Dann wirst auch du einmal ein guter Musiker, wie dein Vater.«

Wolfgang nickt gehorsam, wagt es aber doch noch nicht, seinen Blick zu heben. Aus der Entfernung hört man das Rauschen der Salzach, das sich mit dem Violinspiel des Nachbarn der Mozarts vermischt. Wolfgang hebt seinen Kopf langsam an, legt ihn leicht schief und hört zu. Das Rauschen dominiert, aber mit der Violine, weit leiser dahinter, da stimmt etwas nicht. Dann läuft er zum Fenster und ruft in den Hof hinaus: »Herr Schachner, Herr Schachner! Ihre Violine ist einen halben Viertelton zu tief gestimmt!«

Leopold Mozart sieht ihm hinterher, dann dreht er sich zu seiner Frau. Ihre Blicke treffen sich. Beide wissen, dass sie der Welt ein Wunder geschenkt haben.

Kapitel 17

Zurück in Wien, sucht Mozart Da Ponte auf. »Wir machen eine Oper! Ich habe einen Auftrag für uns aus Prag!«, ruft er ihm auf der Straße entgegen. Da Ponte kommt nicht einmal dazu, ein Wort des Grußes zu sagen, da fällt ihm Mozart um den Hals und redet unaufhörlich, wie wunderbar Prag sei, wie sehr man dort den Figaro liebe und dass in einem halben Jahr die Premiere ihrer neuen, gemeinsamen Oper stattfinden soll.

Da Ponte nutzt eine kurze Atempause: »Das ist wunderbar, mein lieber Mozart. Aber leider ganz unmöglich. Ich habe schon zu viele Aufträge. Martini y Soler und Salieri brauchen dringend Libretti von mir.« Wolfgang ist skeptisch. Dann fragt er: »Wie heißt sie?« Da Ponte lächelt: »Welche?«

»Das ist mir alles ganz egal, dann müssen ihre Mädchen einmal ein wenig ohne sie auskommen. Es gibt genug Frauen in Wien, aber in Prag – mein lieber Freund –, dort gibt es noch viel mehr davon. Und sie lieben uns. Wir sind aus Wien, und wir bringen ihnen die schönste Musik, die sie jemals gehört haben.« Da Ponte hält kurz inne, seine Lippen spitzen sich, die Gedanken schweifen ab. Irgendetwas stellt er sich vor.

»Nun gut, ich werde es versuchen. Nachts werde ich für dich schreiben und werde mir denken, ich lese die Hölle von Dante, am Morgen für Martini y Soler und meinen, ich studiere den Petrarca und am Abend schreibe ich für Salieri und werde mich meines Tasso erinnern. Das könnte funktionieren.«

»Und zu Mittag kannst du noch zwei deiner Gespielinnen treffen!« Mozart verabschiedet sich.

Zu Hause findet er einen Brief seines Vaters, in dem dieser schreibt, dass er seit seiner Rückkehr aus Wien und München

erkrankt sei. Mozart legt das Schreiben zur Seite. Er ist beun-
ruhigt, dreht sich noch einmal um und verlässt die Wohnung.
Spaziergänge helfen, seine Gedanken zu sortieren. Er denkt an
den Tod seiner Mutter, erinnert sich, als er stundenlang an ihrem
Bett saß. Die eigene Endlichkeit kehrt zurück in sein Bewusstsein. Dem Vater geht es immer um Wohlstand und Ansehen. Nie
war ihm bewusst, dass das Leben einer Sanduhr gleicht, die man
selbst tagtäglich umdrehen kann und die einem immer wieder
einen Neuanfang ermöglicht. Das letzte Hemd allerdings habe
keine Taschen. Der Mensch könne nichts mitnehmen in ein
neues Leben, eine neue Existenz nach dem Tode, an die er so tief
glaube. Seinem Vater ist es wichtig, die gesellschaftliche Anerkennung eines frommen Mannes zu erhalten. Sein Leben lebte er
aber nicht im Glauben, sonst wäre er freier und glücklicher gewesen. Nur wer den Tod als Teil des Lebens, als Ausgleich und fi-
nale, ebenbürtige Gerechtigkeit aller Menschen anerkennt, weiß,
was es heißt, zu leben. An vielen Abenden mit seinen Brüdern im
Freimaurertempel hat er sich mit dieser Endlichkeit beschäftigt
und die Angst vor dem Sterben verloren.

Wolfgang beschließt nach Hause zurückzukehren, setzt sich
allein an seinen Tisch, nimmt einen Bogen Papier und schreibt
an seinen Vater:

*Nun höre ich, dass Sie wirklich krank seien. Wie sehnlich ich
einer tröstenden Nachricht von Ihnen entgegen sehe, brauche ich Ihnen doch wohl nicht zu sagen. Obwohl ich es mir zur Angewohnheit
gemacht habe, mir immer in allen Dingen das Schlimmste vorzustel-
len, da der Tod – genau zu nehmen – der wahre Endzweck unseres
Lebens ist, so habe ich mich seit ein paar Jahren mit diesem wahren,
besten Freunde des Menschen bekannt gemacht, dass sein Bild allein
nichts Schreckendes mehr für mich hat, sondern recht viel Beru-
higendes und Tröstendes. Ich danke meinem Gott, dass er mir das
Glück vergönnt hat, mir die Gelegenheit – Sie verstehen mich – zu*

*verschaffen, ihn als den Schlüssel zu unserer wahren Glückseligkeit
kennenzulernen. Ich lege mich nie zu Bette, ohne zu bedenken, dass
ich vielleicht – so jung, als ich bin – den andern Tag nicht mehr sein
werde. Und es wird doch kein Mensch von allen, die mich kennen
sagen können, dass ich im Umgange mürrisch oder traurig wäre –
ich danke für diese Glückseligkeit alle Tage meinem Schöpfer und
wünsche sie von Herzen allen Mitmenschen.*

Nachdenklich faltet er das Papier zusammen, als plötzlich Da
Ponte erneut vor ihm steht. »Ich habe den Stoff. Das wird ganz
wunderbar. Unmoral. Burleske Szenen. Ein Wüstling.« Mozart
unterbricht: »Du willst also eine Oper über dich schreiben?«

»Nein, Mozart«, antwortet Da Ponte, »wir bedienen uns eines ganz großen Stoffs. Und wir machen ihn besser, spannender,
aufwühlender als alle anderen. Wir machen: Don Juan auf Italienisch. Wir machen: »Don Giovanni«.

Kapitel 18

Dein Bruder wohnt jetzt auf der Landstraße 224. Er schreibt mir aber keine Ursache dazu. Gar nichts. Das mag ich leider erraten – steht in dem Brief Leopold Mozarts an seine Tochter Nannerl.

Irgendwie scheint Wolfgang jegliche Form von Geld stets durch die Finger zu rinnen. Die auffallende schöne Kleidung, Bedienstete, die Pferde, Einladungen, Miete, für all das wollen andere Menschen immer Münzen, und kaum bekommt Mozart ein Säckchen davon, ist es auch schon wieder weg. »Das ist alles nur gestanztes Metall. Mach dir keine Sorgen. Prag wird uns fürstlich für Don Giovanni bezahlen, dann ziehen wir wieder zurück!«, ruft Mozart seiner Frau aufmunternd zu, während Constanze wieder alles einpackt, um eine neue Mietwohnung, diesmal in der Vorstadt, zu beziehen. Mozart hält seine Handflächen vor ihr Gesicht. »Man sieht es zwar mit offenem Auge nicht. Aber hier müssen einfach zwei große Löcher drinnen sein. Alles, was in diese Hände reinkommt, rinnt durch und ist gleich wieder weg. Ich kann gar nichts dafür. Aber: Ich unterbreche jetzt mal die Arbeit am Giovanni und komponiere zwei Streichquintette, für die wir sicher ein paar Gulden bekommen.«

Schön und korrekt auf Subskription geschrieben, bietet er die beiden Kompositionen an, aber keiner möchte sie kaufen. Zu »seelenaufrührend«, sagen die Leute, fröhlich in C-Dur fangen sie an, doch dann kommt die »Molleintrübung«.

»Eintrübung? Was soll denn das heißen? Das Leben spielt auch in mehr als nur einer Tonart«, echauffiert sich Wolfgang. »Schwer? Wenn die alle wüssten, wie schwer die Steine sind, die mir mein Vater mein ganzes Leben ums Herz hängt? Nie war es gut. Nie war es recht. Ordnung, Sicherheit und Sparen, sich unterwerfen und anpassen – das alles steht eingraviert in den Steinen meines Herzens«, erzählt er Da Ponte, während die beiden durch den Prater gehen. »Seit ich denken kann, versuche ich diese Trümmer, wo immer ich auch bin, ins Wasser zu werfen. Ob in die Salzach, die Themse, die Lagune Venedigs oder jetzt in die Donau in Wien. Jeder Blick, jeder Satz meines Vaters, enthält immer nur Enttäuschung und Vorwurf.«

Wenige Tage später schreibt Mozart an Nannerl: *Liebste Schwester, du kannst dir leicht vorstellen, wie schmerzhaft mir die traurige Nachricht des jähen Todesfalls unseres liebsten Vaters war, da der Verlust bei uns gleich ist. Da ich dermalen unmöglich Wien verlassen kann, welches ich mehr täte, um das Vergnügen zu haben, dich zu umarmen. Betreffend die Verlassenschaft unseres seligen Vaters, wäre es kaum der Mühe wert, so muss ich dir gestehen, dass ich auch ganz deiner Meinung bin, in Betreff der öffentlichen Feilbietung, nur erwarte ich vorher das Inventarium davon, um eine entsprechende Auswahl treffen zu können. Lebe wohl, liebste Schwester! Ich bin ewig dein getreuer Bruder, W.A. Mozart.*

Wolfgang sitzt an seinem Schreibtisch, Don Giovanni, Menuette, Lieder, Serenaden, *Die kleine Nachtmusik* – unterschiedliche Notenblätter liegen ausgebreitet auf seinem Tisch. Es ist, als hätte die ganze Musik immer in seinem Kopf existiert, dränge jetzt hinaus, um endlich aufs Papier zu kommen. Das erste Stück, das Mozart nach dem Tod seines Vaters vollendet, ist zwei Wochen später fertig: »Ein kleiner musikalischer Spaß.«

»Welch grandiose Parodie, mein lieber Mozart!«, sprudelt es aus Da Ponte, »ein erbarmungsloser Spaß, mit dem du all diese Komponistenstümper aufs Korn nimmst. Bam, Bam, Bam – wie du ihnen den Spiegel vor Augen hältst. Köstlich. Köstlich. Einzig der Betroffene selbst wird die Intention dahinter niemals erkennen und sieht die Narrennase nicht, die du ihm aufgesetzt hast.«

Mozart sortiert die Notenblätter. »Und es ist würdig und recht, dass ich meinem armen Vater, der sein ganzes Leben so viel Kummer und Leid wegen mir hatte, ein bisschen einen Spaß ins Grab nachsende. Ich wünsche ihm, wenn er nun zur Rechten unseres Herrn und Schöpfers sitzt, dass er wenigstens dort einmal etwas zum Lachen hat.«

»Herr und Schöpfer«, wiederholt Da Ponte und zeichnet zwei Kreuze in die Luft.

»Sag mal, warum sprichst du so komisch und lispelst heute?«, fragt Mozart.

»Ach, schreckliches Unglück. Ein Missgeschick suchte mich heim.«

Wolfgang sieht erstmals von seinen Notenblättern auf und wendet sich seinem Freund und Librettisten zu. »Es war eine kleine Liebelei, ein wunderhübsches Mädchen, sie hing mir stets an den Lippen, und jedes Gedicht, das meinem Munde entsprang, ließ ihr Herz Stück für Stück erweichen. Wir hatten so schöne Frühlingstage gemeinsam, doch leider stellte sich bereits zu Beginn der Liaison heraus, dass die Dame mit einem gleichermaßen eifersüchtigen wie wilden Mann verheiratet war – was mich, nun ja, nicht zwangsläufig zu stören hatte, eher ihn.«

»Und dann? Was ist passiert?«

»Der Ehemann erfuhr von alledem und wünschte sich, dass es mir fortan nicht mehr möglich sei, schöne Gedichte fehlerfrei zu rezitieren. In einem unbeobachteten Moment, ich saß gerade mit einer jungen Sängerin in einem Garten, sie ist übrigens hochgradig entzückend und wünscht sich nichts mehr, als bei der Premiere unseres Don Giovanni in Prag singen zu dürfen. Was meinst du, Wolfgang?«

Er schüttelt den Kopf und deutet ihm, fortzufahren.

»Ich sitze also mit ihr zusammen, der Wirt bringt uns den Wein, doch anscheinend wurde der heimlich versetzt. Ich setze das Glas an, sehe in Entfernung den eifersüchtigen Ehemann, der mir freundlich zulächelt, denke mir noch, ich sollte seine Frau erneut kontaktieren, möglicherweise sei es ihm sogar recht, wenn ich sie ihm ein wenig vom Hals halte, trinke einen Schluck und spüre, wie sich scharfe Säure in meinem Mund ausbreitet, spucke die Flüssigkeit wieder aus und sehe noch den Mann, sich den Bauch vor Lachen krümmend, von dannen ziehen. Wenige Stunden später, der Geschmack der Säure erfüllt bis heute meinen so sensiblen Gaumen, fallen mir alle meine Zähne aus.«

Jetzt steht Mozart der Mund offen. Da Ponte lächelt zahnlos.

»Am Ende bleibt mir zu sagen, dass es diesem brutalen Kerl trotz seines hinterlistigen Säureanschlags misslungen ist, mich zum Schweigen zu bringen.«

Kapitel 19

»Wenn also Seine Majestät Ludwig der XIV. sagt, dass Er der Staat sei, dann frage ich euch nun – als junge, intelligente Menschen, die hier in dieser Klasse sitzen und die Ausbildung zum Priester machen – wieso? Wenn wir uns auf dieser Welt, in diesem Land, auf diesem Kontinent, ja sogar in unserer katholischen Kirche umsehen, sehen wir einige Menschen mehr und nicht nur einen einzigen, der allein alles ist, oder? Also wieso ist einer der Staat? Und auch nur ein Mensch der Kirchenstaat? Sind wir nicht alle Kirche? Sind wir nicht alle zusammen der Staat?«

Die Schüler des Seminars von Treviso sehen Lorenzo Da Ponte, ihren jungen Lehrer, fragend an. Es scheint, als würden sie seine Worte nur langsam wahrnehmen und in ihnen abwechselnd Rufzeichen und Fragezeichen auslösen. Solche Gedanken haben sie noch nie gehört. »Es geht um Jean-Jacques Rousseau, den Genfer Schriftsteller, Philosophen, Pädagogen, Naturforscher und Komponisten, ein ganz wunderbarer Mensch, der vielfältigen Professionen nachgeht. Wer von euch weiß, was diese eint?« Ein dünner, blasser Junge hebt die Hand, Da Ponte kann sich nicht erinnern, jemals zu vor seine Stimme gehört zu haben: »All diese Berufe eint, dass sie sich um das Leben, das uns Gott auf dieser Erde geschenkt hat, drehen. Natur und Musik für das Gefühl sowie Philosophie und Pädagogik im geistigen Sinne.«

Da Ponte denkt kurz nach und erwidert: »Was für eine wunderbare Antwort. Es geht darum, dass wir Menschen von Gott mit dem Geschenk des Lebens bedacht wurden und es dankbar annehmen sollen. Also glücklich sein sollen. Und Glück empfinden wir, wenn wir selbstbestimmt und frei sein dürfen. Wir wollen lieben. Das Leben und alles, was es zu bieten hat. Deshalb sagt Rousseau, dass nicht einer allein der Staat ist. Er sagt, dass wir alle zusammen alles sind und einen Vertrag miteinander abzuschließen hätten. Als freie Bürger, aus freiem Willen. Das ist revolutionär. Das ist genial. Das ist gerecht. Das ist Gottes Wille. Und nun bitte ich euch, dass ihr nach Hause geht und über diese Gedanken nachdenkt und danach einen Text schreibt, in dem ihr beschreibt, wie denn so ein Staat aussehen könnte, wie er sich anfühlen würde, wie er sich umsetzen ließe. Die Welt braucht eure Ideen. Die Gedanken der Jugend. Der neuen Generation. Die besten drei Texte senden wir dann Jean-Jacques Rousseau in die Schweiz.« Da Ponte packt sein Bündel Papiere zusammen, winkt noch einmal freundlich, verlässt den Klassenraum und eilt zur Kutsche, die ihn nach Venedig bringt.

Dort erwartet Lorenzo Da Ponte bereits die schöne Angoletta, Frau des vierschrötigen Hoteldirektors, in einem kleinen Straßencafé auf der Insel Giudecca, abseits des Trubels und des Gesehen-werdens Venedigs. An einem Platz in der hintersten Ecke, im Schatten eines alten, großen Baumes sitzt sie in einem schwarzen Contouche-Kleid mit eng zusammengeschnürtem Brustkorb, das ihr ohnehin üppiges Dekolletee noch größer erscheinen lässt. Er setzt sich mit dem Rücken in Richtung Straße. Sie spricht nicht, nimmt nur seine Hand. »Lorenzo, Geliebter, ich erwarte ein Kind.«

Da Ponte ist verwirrt. »Ein Kind, das ist ja … äh …. ganz, ganz … seit wann? Also, weißt du davon und … nun ja… ich gratuliere, eine ganz wunderbare Situation. Kinder. Das ist … die neue Generation. Die Zukunft. Und, ist dir auch bekannt, wer der Vater sein könnte?«

»Du bist es«, antwortet sie.

»Ach, das ist ja eine ganz wunderbare Überr… aber, bist du dir dessen auch gewiss?«

»Lorenzo! Mein Mann kann nicht. Also kannst es nur du sein.«

Jetzt schweigt Lorenzo Da Ponte. Er blickt ins Leere, atmet tief ein, setzt an, Angoletta unterbricht, bevor er auch nur ein weiteres Wort sagen kann: »Mein Mann weiß es auch.« Seine Augen wandern von ihren Händen zu ihrem Gesicht. Alles ringsum verschwindet in Unschärfe. Ängstlich sagt sie: »Er meldet dich in diesen Minuten bei den Behörden als Ehebrecher und will dich vor Gericht sehen. Du musst Venedig schnell verlassen.«

Er zieht ihre Hände über den Tisch und küsst sie. Die anderen Gäste beobachten die beiden. Er steht auf, dreht sich um, senkt seinen Kopf, um nicht erkannt zu werden und geht wortlos, raschen Schrittes Richtung Canale della Giudecca.

Zurück in Ceneda erwarten ihn drei ranghohe Beamte in seinem Zimmer. Sie halten Arbeiten seiner Schüler in Händen und lesen ihm vor: »Wir alle sind der Staat. Ein glückliches Zusammenleben kann es nur geben, wenn alle Menschen gleich an Rechten und Würde sind.« oder »Wer kann einzelnen das Recht geben, aufgrund ihrer Herkunft über andere zu herrschen. Dieses Recht obliegt einzig Gott.« Und: »Jesus hat sich gegen die Mächtigen aufgelehnt und die Schwachen geschützt. Wir, als Kirche, sollten ihm gleichtun.«

Zufrieden hört Da Ponte zu und nickt. Der kleinste der drei Männer legt die Papiere zur Seite. Lorenzos Lächeln verwandelt sich in eine gespielt ernste Miene, er schüttelt den Kopf. Der Älteste der Herren sieht Lorenzo streng an. »Haben seine Schüler diese aufwieglerischen, gefährlichen Gedanken von euch erlernt?«

Da Ponte atmet tief ein und kratzt sich am Kopf.

»Meine Herren, ich freue mich außerordentlich über euren Besuch, die Situation ist, wie übrigens des Öfteren im Leben, nicht so, wie sie auf den ersten Blick scheint. Es läge mir fern, an den Grundfesten unseres Staates zu rütteln, an den Säulen unseres Zusammenlebens, auf denen wir alle stehen dürfen. Gerade den jungen Menschen, den Priestern von morgen, muss man zeigen, wie fragil, ja – geradezu gefährlich unsere Welt ins Wanken geraten würde, wenn diese Säulen, getragen von den starken Schultern unserer hochverehrten Herrscher, unsere Welt nicht mehr stützen würden. Es ist oftmals so, dass man Gedanken in eine gänzlich falsche Richtung führen muss, um sie für alle Zeit zu vertreiben ...«

»Er ist vorläufig vom Dienst suspendiert und hört von uns«, unterbricht ihn der Dicke in der Mitte.

Lorenzo Da Ponte bleibt in dieser Nacht wach in seinem Bett liegen. Seine Gedanken drehen sich. Suspendierung, das Kind und was würde ihn erwarten, wenn er als Ehebrecher vor Gericht stünde? Müsste er ins Gefängnis? Würde er verbannt? Es wäre traurig, aber letztlich auch das Harmloseste.

Wie sehr vierundzwanzig Stunden ein Leben verändern können. Nichts ist mehr wie vorher. Manchmal denkt er, alles sei ein böser Traum. Rastlos wandert er tagsüber durch die Hügel von Ceneda, in den Nächten über die kleinen Brücken und Pfade Venedigs. Er möchte nicht gesehen werden. Es ist die schreckliche Ungewissheit, die an ihm nagt.

Nach langen Wochen des Wartens klopft ein Bote des Gerichts an seiner Tür und übergibt ihm einen Brief.

Am Montag der kommenden Woche hat sich der Angeklagte, Lorenzo Da Ponte, bei einer öffentlichen Gerichtsverhandlung zu verantworten. Ihm wird vorgeworfen, Unzucht mit einer verheirateten Frau begangen zu haben, sowie, durch Infragestellung der herrschenden Gesellschaftsordnung, das friedliche Zusammenleben der Menschen in Gefahr gebracht zu haben. Die Verhandlung findet des Abends statt.

Kapitel 20

»Don Giovanni reflektiert nicht. Gedanken sind nicht seine Sache, sondern das Erleben seiner eigenen Existenz, die durch Rücksichtslosigkeit bedingt wird.« Da Ponte läuft gestikulierend durch den Raum.

»Der ist eigentlich wie du«, kontert Mozart.

»Ich habe ihn nicht erfunden, also kann er auch nicht wie ich sein«, antwortet Da Ponte.

Mozart macht eine vielsagende Geste. »Ich habe Don Giovanni von dir, du hast ihn von Bertati, der hat ihn von Tirso de Molina und der wiederum aus einer Sage der spanischen, dramatischen Literatur.« Draußen trommeln die Regentropfen ans Fenster. Mozart klopft einen Takt mit und schweift gedanklich merkbar ab.

»Ist ja auch ein wirklich guter Stoff.« Da Ponte setzt sich. »Aber wir machen ihn noch besser. Jetzt nicht ablenken. Wir reden über die Registerarie, Leporello singt über die von seinem Herrn bevorzugten Frauentypen, die braunen ›Gentilezza‹, die schwarzen ›Costanza‹ und dann – in einer chromatisch ansteigenden Tonleiter – die ›Dolcezza‹, die Blondinen.«

»Ich bleibe dabei. Dieser Don Giovanni bist eindeutig du. Und ich bin übrigens nicht mein Vater, nicht ernsthaft, kein musikalischer Handwerker und schon gar kein Höfling, der den ganzen Tag denkt und rechnet und irgendwo in den Gedärmen der Menschen am Hofe herumkriecht.« Mozart spricht jetzt lauter und ist sichtlich aufgebracht, »Mag sein, dass ich als Knabe mehr ernsthaft als kindisch war und heute *jedem im spaßhaften Ton auf eine Herausforderung antworte*«, wie er mir in einem seiner letzten Briefe geschrieben hat. Aber jetzt ist er tot, kann nur noch im Himmel enttäuscht von mir sein, und ich bin am Leben. Ich weiß ganz genau, wie ich diese Oper komponieren werde, ich weiß, wann ich Halbtonschritte einbaue, und noch besser weiß ich, wie der tote Vater, ›der Komtur‹, klingen wird. Ich habe alles in meinem Kopf komponiert, ich höre es jetzt schon und niemand, auch du nicht, mein lieber Da Ponte, braucht mir meine Arbeit zu erklären. Außerdem: Es wird keine Ouvertüre geben.« Mozarts Augen glänzen. Niemand soll seine Trauer und seine Wut sehen. Er dreht sich um, schmeißt die Tür ins Schloss und verlässt die Wohnung.

Constanze betritt den Raum. »Mach dir keine Gedanken«, sagt sie mit ruhiger Stimme, »der Tod seines Vaters setzt ihm mehr zu, als er es zugeben möchte. Aber: keine Sorge. Ich habe schon einige Töne des Don Giovanni gehört und bin überzeugt, dass das die beste Oper wird, die er je geschrieben hat.«

»Nun ja, Constanze, das wird ganz wunderbar. Richtig delikat. Prag wird Don Giovanni lieben, und von dort wird diese Oper einen Siegeszug um die ganze Welt antreten. Ich muss mich jetzt allerdings entschuldigen, denn ich werde erwartet.« Da Ponte verbeugt sich und eilt aus dem Haus.

Ein paar Ecken weiter sitzt Wolfgang allein in einer Gastwirtschaft vor einem Teller Sauerkraut mit Leberknödel und trinkt dazu ein dunkles Bier. Starr blickt er in die Fäden des Gemüses, versucht eine Ordnung in ihm zu sehen und erkennt doch immer nur Chaos. Ein Durcheinander aus Trauer, Wut, Aufbegehren, Lust, Freude und Sorge. Langsam schiebt er mit seiner Gabel einige Streifen Sauerkraut auf eine Seite des Tellers und ordnet sie parallel an. »Ihr seid sehr ordentlich. Das würde meinem Vater gefallen. So war ich als Kind auch immer«, sagt er zu ihnen. Den Rest des Gemüses verwirbelt er wild auf dem Teller zu einem großen, chaotischen Ungetüm. »Das bin ich heute«, erklärt er, »und das bist du!!« Mit der Rechten rammt er seine Gabel in die Mitte des Sauerkrautberges, steckt sich mit der Linken einen ganzen Leberknödel in den Mund, spült ihn mit einem großen Schluck Bier hinunter. Er steht auf, geht zur Theke und sagt zum Wirten: »Bitte anschreiben. Ich habe heute kein Geld dabei.«

Zu Hause angekommen nimmt ihn Constanze in den Arm, langsam beruhigt sich sein Atem, er küsst sie auf die Stirn und verschwindet für den Rest der Nacht an seinen Schreibtisch, wo er über viele Stunden hinweg fein säuberlich, ohne eine Ausbesserung oder einen Fehler, Note für Note aus seinem Kopf und aus seinem Herzen, direkt auf das Papier überträgt.

Kapitel 21

»Es liegt nur an Euch, Herr Marquis, ob Ihr mein Schwiegersohn werden wollt. Der Marquis verbeugte sich mehrfach vor ihm, nahm den ehrenvollen Antrag an und heiratete noch am selben Tage die Prinzessin. Der Kater aber wurde ein großer Herr und ging nur noch zum Vergnügen auf die Mäusejagd«, Constanze schlägt das Buch von Charles Perrault zu. Ihr Mann sitzt zwei Meter von ihr entfernt umgeben von drei Kerzen und schreibt und schreibt und schreibt. Draußen ist es schon lange dunkel, es muss weit über Mitternacht sein und der Kerzenschein lässt nur seine Hand, das Notenblatt und seine Nase im Licht erscheinen. Er dreht sich zu ihr: »Schon aus? Ich liebe diese Geschichten von Perrault.« Constanze hält ihn Nacht für Nacht in Prag wach, indem sie ihm Märchen vorliest, während er all die Noten, die in seinem Kopf schon lange existieren, zu Papier bringt. »Wolferl, um acht ist Probe im Theater. Du solltest zu Bett gehen«, sagt sie leise, streichelt ihm über den Nacken und sieht zu, wie er Note für Note schreibt. »Stanzi, ich muss das fertigstellen. Ich muss. Das Orchester ist hier nicht annähernd so gut wie in Wien. Die müssen üben. Sonst schaffen wir das nicht. Bitte geh und such Da Ponte. Er wollte nur kurz weg, und jetzt ist es schon fast früh. Ich brauche ihn noch für einige Texte«, murmelt Mozart, die Feder nicht vom Papier gelöst. Constanze zieht sich einen Mantel über, es ist kühl geworden Ende September, und macht sich auf den Weg von der Villa Bertramka der Familie Duschek, durch den dunklen Park in Richtung der Stadtmauern Prags.

Es ist die eine Nacht, die den Sommer endgültig beendet. Der Wind pfeift unaufhörlich durch die Bäume, und es wirkt, als würden sie mit einem Schlag all ihre Blätter verlieren wollen.

Constanze geht in jede geöffnete Gaststätte, um zu sehen, ob sich Da Ponte darin verloren hat. Eine Horde betrunkener Männer im ersten Kellergewölbe begrüßt sie herzlich. Ihre Augen wandern von links nach rechts durch die Gastwirtschaft. Hier ist Da Ponte nicht.

Im nächsten Lokal wird sie fündig. Eine junge Pragerin sitzt in einem vielschichtigen, weiten Rock auf der Bank und unterhält sich mit einem gutaussehenden älteren Herrn, während Da Ponte seitlich neben ihr kniet und sein Haupt schlafend auf ihren Schoß bettet. Constanze stürzt zu ihm und rüttelt seinen Kopf. Lorenzo gähnt und sagt: »Stanzi, welch wunderbare … oh – wo bin ich eigentlich?« Der ältere Herr auf der anderen Seite des Tisches steht auf, geht zu Constanze, verbeugt sich und reicht ihr seine Hand, um ihr vom Boden aufzuhelfen. »Es scheint, als wäre die Morgensonne mit ihren zärtlichen Strahlen soeben über diesem Loch hier aufgegangen. Darf ich euch aufhelfen, schönste Frau Prags?« Sie nimmt seine Hand, richtet sich auf und versucht sich den Schmutz des Bodens vom Kleid zu wischen. »Gestatten? Giacomo Girolamo Casanova. Zu Ihren Diensten.«

Da Ponte springt auf, fällt Casanova um den Hals und ruft: »Constanze, stell dir vor. Hier in Prag treffe ich zufällig meinen alten Freund aus Venedig. Er lebt heute als Bibliothekar auf Schloss Dux in Böhmen und er hat zugesagt, zu unserer Premiere zu kommen. Das ist mein Mentor. Der Mann, von dem ich alles über die Frauen gelernt habe. Der wichtigste Mensch meines Lebens. Das ist der wunderbare Giacomo Casanova!« Constanze schweigt. Da Ponte ergänzt: »Ist das nicht wunderbar?«

Ganz langsam hebt Constanze Da Pontes Mantel vom staubigen Bretterboden, wirft ihn ihm über, hängt seinen Arm bei ihr ein.

»Ganz wunderbar. Herr Casanova, es war mir eine Freude. Lorenzo – wir gehen.«

Da Ponte will nicht gehen. Er bleibt auf der Straße stehen und fordert Constanze zum Tanz auf, die ihn versucht, weiter durch die Nacht nach Hause zu ziehen. Lorenzo singt, zunächst auf Italienisch »La ci darem da mano«, dann auf Deutsch »Reich mir die Hand, mein Leben« und tänzelt dabei um Constanze herum. In der großzügigen Parkanlage des Guts Bertramka bleibt Da Ponte wieder stehen, bückt sich, um ein Blatt aufzuheben, das er am Stängel nimmt und in den Wind hält, der die letzte Wärme aus den umliegenden Feldern fegt. »Da!«, ruft er, »Da müssen wir entlang!« Und zieht Constanze in Richtung einer alten Eiche. »Nein, wir bleiben auf dem Weg – da vorne ist das Haus.«

Da Ponte bleibt stur. »Der Wind kommt aber von dort, und ich habe beschlossen, ein Blatt zu werden. Komm, wir gehen nur noch mit Rückenwind und lassen uns einfach treiben!«

»Das machen wir nicht, denn unser Haus liegt in dieser Richtung«, antwortet Constanze und zerrt ihn weiter des Weges. In der warmen Stube angekommen, liegt Wolfgang mit dem Kopf auf seinen Unterarmen, immer noch auf dem Schreibtisch, und schläft. »Dass keiner von euch beiden, wie ein normaler Mensch im Bett schlafen kann!«

Constanze lässt Da Ponte in einen Sessel fallen und rüttelt Mozart wach.

Er öffnet nur ein Auge und murmelt: »Die Musiker werden das nicht schaffen. Wir verschieben um zwei Wochen. Wir brauchen die Zeit.« Das Auge fällt wieder zu.

Kapitel 22

Alle waren sie im Landhaus der Duscheks zu Gast. Theaterdirektor Bondini und Guardasoni, der Bariton Luigi Bassi, die Sängerinnen Saporiti, Micelli und Bondini, die Frau des Theaterdirektors und Da Ponte mit einem gewissen Casanova. Im großen Zimmer des Erdgeschosses hat die Gesellschaft Nachmittagskaffee eingenommen. Mozarts Stimmung war die heiterste, im Bewusstsein, ein unsterbliches Werk geschaffen zu haben, seines Erfolges sicher, genießt er den Tag. Als der Nachmittag in den Abend übergeht und die Kaffeetassen gegen Bierkrüge und Weingläser getauscht werden, nähert sich seine Stimmung dem Höhepunkt. Er singt, er tanzt und spricht nur noch in Reimen, was ihm besondere Freude bereitet. Der abklingende Vollmond strahlt Nachwehen in Mozarts Gemüt. Das Feiern kann noch lange nicht vorbei sein. Er möchte ins Tempelgässchen, um noch ein paar Freunde zu treffen.

Constanze flüstert dem Theaterdirektor zu, dass man ihn davon abhalten müsse, da er die Ouvertüre zu *Don Giovanni* noch nicht fertig geschrieben habe und morgen Premiere sei. Bondini senkt seine Stimme: »Lassen Sie mich nur machen, Frau Mozart.« Er öffnet die Tür zum benachbarten Musikzimmer, dann den Flügel und sorgt durch dreimaliges Klatschen für Aufmerksamkeit: »Maestro Mozart, im Namen dieser illustren, schönen Runde, darf ich Sie – als Höhepunkt des heutigen Abends und als Einstimmung für die morgige fulminante Premiere – bitten, ein paar Akkorde der Ouvertüre anzustimmen.«

»Ja, bitte. Nur ein paar Takte!«, rufen die anderen Gäste. Mozart setzt sich, schlägt einige laute, nachhallende Akkorde an, ohne zu wissen, dass eine Verschwörung gegen ihn im Gange ist. Alles zieht sich hinter ihm auf Fußspitzen zurück, die Tür wird geräuschlos geöffnet, und eine Person nach der anderen verlässt das Zimmer. Mozart merkt den Streich erst, als die Tür ins Schloss fällt und verriegelt wird. Er springt auf. »Was ist das? Was hat das zu bedeuten?«

»Dass Sie den Abend statt im Tempelgässchen hier auf ihrem Zimmer zubringen werden.«

»Was hab ich getan?«

Mozart schaut aus dem Fenster auf die draußen versammelte Partygesellschaft herab.

»Vernehmen Sie den Spruch des Gerichts«, ruft die lustige Saporiti: »Wolfgang Amadé Mozart, der als schlechter Schuldner uns die Ouvertüre seiner Oper so lange schon schuldig bleibt, dadurch sein eigenes und unser aller Interesse arg gefährdet, ist zu mehrstündiger Haft verurteilt, während welcher er seine Schuld zu tilgen gezwungen sein wird.«

»Aber meine Damen, eine Weile werden Sie mir ihre Gesellschaft doch noch vergönnen?«, Mozart ist enttäuscht. »Kann ich denn schreiben, ohne Licht, ohne Speise, ohne Trank?«

»Es hilft nichts. Sie sind gefangen. Wollen Sie bald frei werden, so gehen Sie rasch an die Arbeit. Licht sollen Sie haben, Wein auch und einen großen Kuchen, es soll Ihnen an nichts fehlen.«

»Das ist Verrat. Ich kann die Einsamkeit nicht ertragen. Wie denn, wenn ich mich aus Melancholie ums Leben brächte, aus dem Fenster spränge?«

Jetzt antwortet die Micelli: »Wirklich, das ist nicht zu besorgen. Dazu bist du viel zu lebenslustig, kleiner Amadeo.«

»Und du, Duschek, duldest das? In deinem Haus?«

Mozart sucht seinen Freund, der hinter der Gruppe beinah verschwindet.

»Es ist gut gemeint. Wirklich, wirklich«, antwortet Duschek.

»Da sieht man, wie die Gutheit zu allem Ja sagt, auch zum Verrat.«

Mozart ist besorgt, eingesperrt zu bleiben. Im Garten binden die Sängerinnen und Sänger Schnüre an lange Stäbe, die normalerweise als Stütze für die Weinreben dienen.

»Hier zwei Leuchter! Hier ein paar Flaschen Melniker! Hier Kuchen und Konfekt!« An den Stöcken festgebundene »Überlebensutensilien für die Nacht« werden Mozart ans Fenster gereicht. Da Ponte hat einen Rechen genommen, an den ein Nachttopf festgebunden ist und hält ihn zum Fenster hinauf: »Hier. Auch das wirst du über Nacht brauchen, göttlicher Meister!«

Mozart erwidert: »Leider ist er leer. Sonst erginge es dir jetzt übel.«

Er schließt, halb belustigt, halb verärgert, das Fenster.

Am nächsten Morgen bringt Mozart die Ouvertüre den Notenkopisten, die das Werk in wenigen Stunden so oft abschreiben müssen, dass jeder Musiker des Orchesters weiß, was er spielen soll.

Es ist der 29. Oktober 1787, Da Ponte läuft wieder einmal aufgeregt durch das Theater, auf den Gängen hinter der Bühne hört man durch die geschlossenen Garderobentüren die Sängerinnen und Sänger Tonleitern rauf- und runtersingen, das Orchester stimmt die Musikinstrumente. Da Ponte kündigt an, dass es doch eine Ouvertüre geben werde, ratlos antwortet der Spieler der ersten Geige: »Aber, wo?«

Mit duftender Perücke weht endlich Mozart in neuem, opulentem Gewande in die Oper zu Prag und verteilt sofort die frischen Noten an die Musiker. »Das ist die Ouvertüre. Ich war in Haft und habe deshalb doch eine geschrieben. Keine Sorge – ich gebe jedem von ihnen den richtigen Einsatz.«

Das Theater ist bis zum letzten Platz gefüllt, offizieller Beginn der Aufführung war vor sieben Minuten, aber die Bühne ist nach wie vor leer, keine Sängerinnen, kein Mozart als Dirigent, einzig die Orchestermusiker sitzen auf ihren Stühlen. Auf einem Hocker weit hinter der Bühne findet Da Ponte Mozart, der ganz allein sitzt und lächelt. Fragend blickt er Wolfgang an. Er zuckt die Schultern und sagt: »Auf wirklich gute Dinge muss der Mensch warten können. Das ist mit Abstand das Beste, das ich je komponiert habe.« Steht auf, nimmt seinen Dirigentenstab, klopft Da Ponte damit auf die Schulter und geht langsam auf die Bühne hinaus. Im Publikum bricht Jubel aus. Er stellt sich vor das Orchester, deutet den Musikern Bereitschaft, und der erste Ton des *Don Giovanni* erklingt im Opernhaus zu Prag. Noch Hunderte Jahre später wird man dieses Werk die Oper aller Opern nennen. Jede Arie, jeden Ton der Oper hat Mozart einzeln mit den Sängerinnen und Sängern einstudiert, das Menuett sogar selbst vorgetanzt. Der Prager Operndirektor Bondini schreibt in der Pause: *Es lebe Da Ponte. Es lebe Mozart. Alle Direktoren, alle Sänger sollen sie preisen. Solange diese beiden leben, weiß man nichts von Theaterelend!* Eine Einschätzung, die auch das Publikum und die Zeitungskritiker teilen.

Die Prager Oberpostamtszeitung hält fest: *Kenner und Tonkünstler sagen, dass zu Prag ihresgleichen noch nicht aufgeführt wurde. Hr. Mozart dirigierte selbst und als er ins Orchester trat, wurde ihm dreimaliger Jubel gegeben. Die Oper ist übrigens äußerst schwer zu exequieren und jeder bewundert, dem ungeachtet, die gute Vorstellung nach nur so kurzer Studierzeit. Die außerordentliche Menge Zuschauer bürgen für den allgemeinen Beifall.* Ein Bericht, der kurz darauf in der Wiener Zeitung nachgedruckt wird.

»Diese Prager wollen mich gar nicht gehen lassen!«, sagt Mozart bei einem Spaziergang an der Moldau seiner Frau, »Sie wollen, dass ich gleich hierbleibe und eine weitere Oper komponiere. Aber sie haben mir nur 800 Florin für Don Giovanni gegeben, trotzdem sie mir 2000 versprochen haben!« Constanze hängt sich in seinem Arm ein: »Komm Wolferl, fahren wir jetzt wieder nach Hause.«

Er bleibt stehen, dreht sich zu ihr, nimmt sie in den Arm.

Mozart atmet tief ein und sagt: »Gut, Stanzi. Fahren wir.«

Kapitel 23

Langsam rumpelt die Kutsche den steinigen Weg Richtung Norden. Der Duft des Meeres hat sich schnell verflüchtigt, denkt Da Ponte, dessen Flucht aus Venedig nicht freiwillig, aber doch die geringstmögliche Strafe war. Seine *Accademia-Gedichte* waren nur aus einer Laune entstanden, um seinen Schülern die Möglichkeit zu geben, öffentlichen Vortrag zu üben. Es war nur eine These, dass Gesetze die Chancen der Mehrheit vermindern, Glück zu erlangen. Zunächst war nichts passiert, dann hatten sich die Wellen des Skandals langsam wie das Hochwasser über den Markusplatz ausgebreitet. Von allen Seiten kam es. Nicht nur offensichtlich aus der Lagune, aus jedem Kanal trat es hervor. Selbst sein Freund Bischof Giustiniani hat sich das öffentliche Missfallen des Senats zugezogen. Nur weil seine Schüler es nicht lassen konnten, ihre Hausaufgaben mit ihren Eltern zu teilen.

Jetzt sitzt er allein in der Kutsche, auf dem Weg in ein neues Leben. Wie es wohl in Wien sein wird? Sein erstes Ziel ist die Stadt Görz, 35 Kilometer nördlich von Triest. Wenn er einmal dort ist, ist er in Sicherheit, denkt er. Ein sicherer Hafen, der im Habsburgerreich liegt, aber nicht zu weit, um noch mit der schwangeren Angoletta und seinen Freunden in Venedig in Kontakt zu bleiben.

Vögel aus allen Richtungen finden sich an diesem Spätsommermorgen zu einem lauten Konzert ein, das erst verstummt, wenn die Sonne zur Gänze am Horizont aufgeht. Das Klima in Görz ist mild, weshalb der Ort ideale Voraussetzungen eines Kurorts für italienische Patrizier schafft. Der »Isonzo« schlängelt sich, von den Alpen kommend durch die Stadt und versorgt die Felder und Wiesen mit frischem Wasser.

In der Herberge wird Da Ponte von einem jungen, deutsch-sprechenden Mädchen begrüßt, das von ihrem Gast sofort einge-nommen ist. Da Ponte schreibt: *Diese Frau ist wunderschön, jung, unverdorben und erstaunlich temperamentvoll. Sie ist nach deutscher Mode gekleidet, eine kleine Haube aus goldener Spitze, eine feine venezianische Kette ist mindestens dreißigmal um ihren wohlgeform-ten Hals geschlungen, weißer als Alabaster und endet schließlich in größeren Windungen auf ihrem schönen Busen, welchen sie teilweise und reizend verdeckt, eine eng anliegende Jacke schmückt ihre wohl proportionierten Hüften in schamloser Eleganz, Seidenstrümpfe, die in zwei rosafarbenen Pantoffeln enden, enthüllen dem begehrlichen Blick die liebenswerte Form zierlicher Füße.*

Der heißblütige dreißigjährige Da Ponte verliebt sich auf der Stelle in die schöne Herbergsmutter. Während er seine Augen nicht von ihr lassen kann, schickt sie mit einer einfachen Hand-bewegung eines ihrer Mädchen nach dem Lexikon, da sie kein Italienisch spricht. Sie blättert darin, hält sich mit der linken Hand eine Seite offen, während sie mit der rechten ein Wort zu suchen scheint. Dann stottert sie langsam »ti amo«, »Ich liebe dich«, während sie errötet. Da Ponte nimmt ihr das Buch aus der Hand und übersetzt: »Ich liebe dich auch.«

Der Rest des Tages könnte für Da Ponte als »der beste Tag sei-nes Lebens« in die Geschichte eingehen, schriftlich festgehalten: *Als es Abend wird und die beiden in der Wirtsstube sitzen, versucht er der jungen Wirtin zu vermitteln, dass er von großem Hunger ge-plagt sei, aber jede seiner Bemühungen, ihr das in Zeichensprache klarzumachen, versteht sie als amouröses Kompliment. Erst als sich Lorenzo einen Hühnerflügel von dem Teller eines anderen Gastes stibitzt, deutet sie die Handbewegungen richtig, lacht schallend auf und gibt der Küche Anweisung, ein opulentes Mahl für ihren Gast zu bereiten. Da Ponte, der auf die strengen moralischen Ansprüche und engbrüstigen Vorschriften im Reich Maria Theresias eingestellt*

war, ist freudig über die Lockerheit und Freiheit, die in dieser Her-
berge herrschen, überrascht.

Sie verbringen intensive Wochen zusammen, doch langsam breitet
sich Trockenheit in Da Pontes Geldbörse aus und er muss die Wir-
tin verlassen. Sie möchte ihm helfen und legt ihm einen Beutel mit
Goldstücken unter das Kopfkissen, die er nicht annimmt. »Ich habe
mich immer darangehalten, nie die Börsen von Frauen zu leeren,
obwohl sie stets meine ausräumen.«

Die beiden bleiben Freunde. Da Ponte reist weiter in Richtung
Wien, die ersten deutschen Wörter und Phrasen im Gepäck, die
sich auf rein amouröse Inhalte beschränken. »Das sind sowieso
die wichtigsten Wörter«, denkt er, während sich die Kutsche die
ersten Anstiege der Alpen hinaufmüht. Nicht viel später erreicht
ihn in der Kaiserstadt die Nachricht, dass das Mädchen, nur
zweiundzwanzig Jahre alt, an einem schweren Fieber verstorben
ist.

Jahrzehnte später schreibt er, dass die wenigen Tage, die er mit
ihr verbracht hatte, wahrscheinlich die glücklichsten Tage seines
Lebens gewesen sind.

Kapitel 24

Die ganze Fahrt von Prag nach Wien wurde der Fuß schlechter. In Wien kann Constanze kaum noch gehen. Wolfgang stützt sie die Treppen hinauf in ihre Wohnung. Seine Gedanken drehen sich abwechselnd in Sorge um seine Frau und um seine finanzielle Situation. Dass er nur 800 statt der versprochenen 2000 Florin für »Don Giovanni« von der Oper in Prag bekommen hat, wirft ihm seinen gesamten Rückzahlungsplan zusammen. Drei Menschen hatte er zugesagt, seine Schulden nach der Rückkehr aus Prag zu begleichen. Mit 800 kann er nur einen befrieden. Die Frage ist, wer am dringlichsten danach fragt. Natürlich hätte er nicht unbedingt einen neuen Anzug aus feinstem Stoff kaufen müssen, aber wie oft hat man schon Premiere seiner Oper?

Mozart bringt Constanze direkt ins Bett und setzt sich an den Tisch. Er findet einen Brief mit kaiserlichem Siegel und goldener Schrift vor. Seine Müdigkeit ist mit einem Schlag verflogen. Hellwach strahlt er die Papierrolle an. Was das sein mag? Ein Auftrag? Ein Angebot für eine Anstellung?

Das Leben der Mozarts ist einfach zu teuer. Kleidung, Frisur und äußerliches Auftreten kosten Geld. Dienstboten, Pferde, Kutsche, der übergroße Billardtisch und dann erst die Musikinstrumente.

»Ich weiß ganz genau, ich habe nicht unerhebliche Beträge an viele Menschen verliehen. Ich weiß bloß nicht mehr, wann und an wen«, denkt Mozart. Das Leben des Vorsorgens und Sparens war das seines Vaters. Nicht seines. Bei ihm kommt Geld rein und geht auch gleich wieder raus. Großzügig, unbekümmert. Das nennt man Wirtschaft. Nur in leisen und einsamen Momenten, oft spät nachts, wenn er allein mit sich ist, hängt sich ein Stein an sein Herz. Er überfliegt die Liste seiner Gläubiger, seiner Kosten und denkt nach, woher er Geld bekommen könnte. Irgendetwas wird kommen, muss kommen, etwas Großes, ein Auftrag, ein Konzert, eine Komposition – dann wird alles zurückgezahlt und wieder aus der Vorstadt zurück in die Stadt übersiedelt.

Es ist sowieso alles komponiert. Nur noch nicht aufgeschrieben.

Im Schimmer der zittrigen Flamme einer Kerze entfaltet Wolfgang den Brief. Seine Majestät, der Kaiser wurde vom großen Erfolg der Aufführung seiner Oper *Don Giovanni* in Prag unterrichtet und gratuliert ihm sehr herzlich dazu. Des Weiteren lädt er ihn ein, eine Aufführung derselben Oper im Mai des kommenden Jahres in Wien durchzuführen, wofür er ein Honorar von zweihundertfünfzig Gulden erhalte. Er solle sich hierfür mit seiner Exzellenz, dem Hofoperndirektor Grafen Orsini-Rosenberg in Verbindung setzen.

Mozart springt von seinem Sessel, der mit einem Krachen auf den Bretterboden fällt. Den Brief in der Hand läuft er dem Schlafzimmer entgegen, um Constanze von der Neuigkeit zu berichten. Kurz davor stoppt er ab, legt den Brief zur Seite und öffnet vorsichtig die Tür.

Auf Zehenspitzen schleicht er in ihr Zimmer, an ihr Bett, in dem sie tief schläft. Er setzt sich an ihre Bettkante und betrachtet die Schweißperlen auf ihrer Stirne. Sie fiebert.

Leise verlässt er den Raum, zieht sich seinen Mantel über und geht hinaus in die kalte Nacht. Franz Anton Mesmer wohnt nicht weit, in seinem Palais auf der Landstraße, ist ein revolutionärer Arzt und hat mit seinen Magnet-Therapien schon Wunder bewirkt. Er ist ein Freund seines Vaters gewesen und – noch viel wichtiger – ein Freimaurerbruder Mozarts. »Wir helfen Brüdern in Not«, murmelt Mozart in seinen Schal hinein, während ihm der Wind des aufkommenden Winters um die Ohren pfeift.

Aufgebracht klopft er an die Tür, es muss schon Mitternacht sein. Ein Dienstmädchen öffnet verschlafen, dürfte aber nachts auftauchende Menschen mit medizinischen Notfällen gewöhnt sein und sagt – nach einem kurzen prüfenden Blick – »Ich hole gleich den Herrn Doktor.«

Mozart lehnt sich an einen Baum und betrachtet das Haus.

Doktor Mesmer schiebt sich, mit seinem Arztkoffer in der Hand, geräuschlos aus dem Haus, begrüßt Wolfgang herzlich und begleitet ihn zurück.

Vor der Schlafzimmertür läuft Wolfgang im Kreis, schon zwanzig Minuten ist der Arzt bei seiner Frau.

Endlich öffnet er. »Ich habe ihr eine Essentia Dulcis verabreicht. Das sollte das Fieber senken. Sie braucht Gemütsruhe. Landluft. Eine Kur in Baden wäre gut«, lässt er Mozart wissen, »sie schläft jetzt, und sie ist nicht in akuter Gefahr.«

Mozart fällt ihm in die Arme. »Danke. Danke« Er hat Tränen in den Augen.

»Was bin ich schuldig?«

Der Arzt klopft ihm liebevoll auf die Schulter: »Gar nichts, mein Bruder.«

Mozart setzt sich an seinen Tisch und schreibt seinem Freund Michael von Puchberg: *Ich bin ihnen noch acht Dukaten schuldig – überdies, dass ich dermaßen außer Stand bin, sie Ihnen zurückzubezahlen, so geht mein Vertrauen so weit, dass ich Sie zu bitten wage, mir nur bis künftige Woche mit 100 Florin auszuhelfen. Bis dahin muss ich notwendigerweise mein Subscriptionsgeld in Händen haben und kann ihnen dann ganz leicht 136 Florin mit dem wärmsten Dank zurückbezahlen. Ich nehme mir die Freiheit ihnen hier mit zwei Billets aufzuwarten, welche ich Sie (als Bruder) bitte, ohne alle Bezahlung anzunehmen.*

Da öffnet sich die Tür, und eine verschlafene Constanze steht vor ihm: „Wolferl, was machst du? Komm ins Bett!«

»Du fährst nach Baden auf Kur, mein Schablapumfa! «, antwortet er.

»Schablapumfa? Was heißt das eigentlich?« fragt sie Minuten später, während sie in seiner Armbeuge liegt und ihren Kopf auf seiner Brust bettet.

»Schabla« ist, weil du so sparsam bist. Und »Pumfa« weil du so wild bist. Also bist du ein »Schablapumfa«, flüstert er ihr ins Ohr, bevor auch er seine Augen schließt und in einen tiefen, langen Schlaf fällt. Alles wird gut.

Kapitel 25

Eine Reihe von fünf goldenen, geschwungenen Stühlen, alle rot gepolstert, alle stehen an der Wand. Gegenüber der wuchtige Schreibtisch Rüdiger Reichenaus, hinter dem man seinen langen, dünnen Hals hervorkommen sieht.

Mozart sitzt auf einem Platz in der Mitte und wartet. Da Ponte und er haben einen Termin bei Operndirektor Graf Orsini-Rosenberg. Der Versuch, in der Zwischenzeit mit Rosenbergs humorlosem Sekretär Reichenau ins Gespräch zu kommen, ist gescheitert. Er gibt einfach keine Antworten. Mozart hat es mit jedem erdenklichen Laut versucht. Zu Beginn waren es noch Sätze und Worte. Über das Wetter, die Oper, diese Dinge. Es kam nichts zurück. Einzig als Mozart beginnt, wie ein Hund laut zu bellen, blickt Reichenau von seinen Unterlagen auf. Mozart lächelt ihn an: »Ich wusste die ganze Zeit, dass sie mich hören können.«

Dann öffnet sich die schwere Flügeltür hinter ihm, und Graf Orsini-Rosenberg erscheint, behangen mit Abzeichen und Orden.

»Ah – Mozart. Sehr gut. Wo hat er denn sein Hirn gelassen?«

»Wie bitte?«

»Na, den italienischen Poeten. Den Herrn …«, er dreht sich zu Reichenau, »helfen Sie mir doch. Was nennt er sich? Ah ja – Hoflibrettist. Den Dichterling, der seine Texte schreibt.«

Mozart erhebt sich.

»Herr Hoflibrettist Lorenzo Da Ponte dürfte sich unglücklicherweise verspäten.«

»Das merke ich. Dann soll er vorläufig ohne seinen Zwilling eintreten.«

Der Hofoperndirektor weist Mozart mit einer abfälligen Bewegung einen der beiden Stühle vor seinem voluminösen Schreibtisch zu. Mozart setzt sich hin und versinkt in einem weichen Polster, so tief, dass er kaum über die Schreibtischkante sieht. Eine Situation, die ihm missfällt, weshalb er wieder aufsteht, einen Stoß Bücher zur Seite schiebt und sich auf den Schreibtisch setzt, die Beine lässig verschränkt herunterbaumeln lässt.

Rosenberg wirkt irritiert.

»Seine Exzellenz müssen wissen, ich habe es mit dem Kreuz. Mein Arzt hat mir von zu weichen Sitzgelegenheiten abgeraten.« Mozart übergibt ihm den Brief des Kaisers.

Der Operndirektor nimmt das dicke Papier in die Hand und liest. In diesem Moment hört man Stimmengewirr im Vorraum. Die Doppelflügeltür des Direktorenbüros wird aufgestoßen, und Da Ponte stolpert in den Raum. »Sehen Sie? So schnell geht das. Schon bin ich drinnen. Ob zu spät oder nicht, Sie Vogel, Sie!« Er dreht sich Richtung Mozart und Rosenberg: »Hochverehrter Herr Graf, seine Exzellenz, ich bin ganz untröstlich. Ich wurde aufgehalten. Gleich mehrfach und schlussendlich auch noch von so einem Brachvogel vor ihrer Tür. Wobei, Brachvögel sind musikalisch, was man von diesem Exemplar mit Sicherheit nicht behaupten kann.«

»Was ist denn? Was ist denn?« Rosenberg liest den Brief des Kaisers und fühlt sich gestört. »Da Ponte, setzen Sie sich hin – wenn möglich zumindest einer einmal auch auf einen Sessel – und Herr Reichenau möge die Tür schließen.«

»Nun ja, hochverehrte Exzellenz, Herr Graf – ich hoffe, Ihr hörtet von unserem unglaublichen Erfolg in Prag. Der *Don Giovanni* hat die ganze Stadt zum Beben gebracht, so laut wurde applaudiert und gejubelt.« Da Ponte hat das Wort an sich gerissen.

Mozart ergänzt: »Die Wiener Zeitung schrieb davon, und seine Majestät möchte, dass wir die Oper nun auch hier in Wien aufführen.« Rosenberg lehnt sich in seinen Stuhl zurück. »Ich kann lesen. Er will diese gottlose Geschichte eines verruchten Verführers in meinem Theater aufführen? Das wird so leicht nicht sein.«

Mozart und Da Ponte seufzen im Duett, blicken einander fragend an.

»Zunächst muss er verstehen, dass es bei einer guten Komposition nicht auf die Anzahl der Noten, sondern auf deren Anordnung ankommt. Davon abgesehen, müssen die Musiker ja auch fähig sein können, eine Komposition zu spielen. Er kann nicht immer nur an sich denken, sondern muss auch manchmal an die Sänger und Musiker denken und damit letztendlich an das Publikum, das das ja auch ertragen muss.«

»Das Prager Publikum hat …«, beginnt Mozart und wird unterbrochen: »Das Prager Publikum besteht aus Pragern, die nicht annähernd so anspruchsvoll und gebildet sind wie die Opernbesucher in unserer Hauptstadt Wien. Ich verbitte mir jeglichen Vergleich meines Hauses mit einer böhmischen Provinzbühne.«

Jetzt tritt Da Ponte auf den Plan: »Hochverehrte Exzellenz, niemals käme es uns in den Sinn ihr erstes Haus im ganzen Reich jemals durch einen Vergleich mit einem anderen infrage zu stellen. Wir sind der festen Überzeugung, dass Herrn Mozarts wundervolle Musik und mein bescheidenes Libretto dem Wiener Publikum ganz besonders zusagen werden. Vor allem deshalb, weil das Niveau Eurer Musiker und Sänger unübertrefflich ist. Wo, wenn nicht hier, sind Musiker fähig, eine Oper mit vielen Noten zu spielen und ist das auf das Höchste verwöhnte Publikum reif genug, diese herausragenden Leistungen zu würdigen?«

Wolfgang verdreht die Augen. Rosenberg sieht zwischen Mozart auf seinem Tisch, und dann auf Da Ponte, im Sessel versunken.

»In Ordnung. Die erste Aufführung findet im Mai statt, wie oft, werden wir das Publikum und seine Majestät entscheiden lassen. Aber wir brauchen ein paar Änderungen für das Wiener Gesangspersonal, hier brauchen wir geeignetere Noten. Einige Passagen werden wir streichen, ein paar neue hinzufügen. Don Ottavio muss eine größere Rolle einnehmen, Leporello braucht ein bisschen Burlesque und Donna Elvira eine zusätzliche Arie.« Mozarts Gesicht verfinstert sich, er setzt kopfschüttelnd zu einer Antwort an, da unterbricht einmal mehr Da Ponte: »Oh, seine Exzellenz haben eine der Aufführungen in Prag gesehen? Das ist wunderbar. Wir werden selbstverständlich ...« Da Ponte deutet Mozart, jetzt nicht zu unterbrechen »... selbstverständlich die Wünsche seiner Exzellenz nach allen Möglichkeiten berücksichtigen und freuen uns auf die Arbeit an diesem so wunderbar geführten Opernhaus.«

Zufrieden nickt Rosenberg. Mozart dreht sich zu ihm: »Der Kaiser schreibt, dass ich ein Honorar von zweihundertfünfzig Gulden erhalte. Meine Frau ist sehr krank und müsste nach Baden zur Kur. Könnte ich dies vielleicht schon vorab erhalten?«

Rosenberg nimmt noch einmal den Brief des Kaisers zur Hand. »Ach ja, da steht's. Sehr ungewöhnlich, dass jemand für eine Komposition zwei Mal bezahlt wird. Wieso hat er denn kein Geld? Die ganze Stadt spricht schon davon, dass Mozart jedem Geld schuldet.«

Da Ponte springt nun wieder für Mozart ein, der kurz davor ist, seinem Ärger Luft zu machen und dem Hofoperndirektor die Meinung ins Gesicht zu sagen. »Hochverehrter, der Herr Kompositeur Mozart ist von vielen Geldsorgen geplant, der Vater verstorben, die Mutter ebenso, auch sein Kanarienvogel. Alle verstorben. Seine äußerst liebreizende Ehefrau leider gegenwärtig erkrankt« – er zeichnet mit der Hand ein Kreuz in die Luft – »als katholischer Priester erlaube ich mir unseren Herrn Jesus

Christus zu zitieren, der in einem Bibelvers sagt: Wer sich des Armen erbarmt, der leiht dem Herrn und der wird ihm Gutes vergelten.«

Rosenberg atmet tief ein: »Nun gut. Er bekommt heute die Hälfte des Geldes, wenn er meine Änderungen durchgeführt hat, soll er die andere bekommen.«

Die beiden verlassen das Büro des Direktors, im Vorbeigehen stößt Da Ponte ein Glas Wasser auf Reichenaus Schreibtisch um. »Oh. Ich bin untröstlich.« Das Wasser läuft über die Papiere, direkt auf Reichenaus Hose. Mozart ergänzt lapidar: »Ist der kleine Rüdiger etwa noch immer nicht stubenrein?«

Vor dem Haus biegen die beiden sofort in eine kleine Seitengasse, da einer von Mozarts Gläubigern über den Michaelerplatz spaziert, dem Wolfgang nicht begegnen möchte. Einhundertfünfundzwanzig Gulden ermöglichen Constanze einen Kuraufenthalt in Baden, die darf er nicht verlieren. »Dass meine Stanzi nur wieder gesund wird, das ist das Wichtigste.«

Kapitel 26

»Mach dir keine Sorgen! Ich verspreche dir, dass ich gut auf ihn aufpassen werde.« Da Ponte reicht Constanze Mozart ihre Tasche in die Kutsche.

»Genau das ist meine Sorge. Dass du auf ihn aufpasst.« Die Kurstadt Baden ist einen halben Tag von Wien entfernt. Der Arzt hat ihr angeraten, sich dort zu regenerieren. Wolfgang hebt ihr einen Koffer nach dem anderen in die Kutsche.

»Mein Schablapumfa! Pass auf dich auf. Schreib mir jeden Tag. Ich werde dich besuchen kommen«, sagt er ihr zum Abschied.

»Wolferl, komm her«, antwortet sie und nimmt ihn in den Arm, »du machst mir keinen Blödsinn und bleibst brav.«

Mit Tränen in den Augen nickt er und drückt seine Wange noch einmal an ihre. Dann steigt sie ein, und die Kutsche fährt Richtung Süden davon. Mozart und Da Ponte winken, bis sie nur noch einen schwarzen Punkt am Horizont sehen. Dann wirft Da Ponte seinen Arm brüderlich um Mozarts Schulter und sagt: »Los geht's, Strowi! Gehen wir mal was trinken.« »Strowi?«

»Ja. Strowi. Strohwitwer. Gehen wir.« Mozart hält den heißen Becher seines Punschs zwischen den Fingerspitzen.

»Ich denke, es ist jetzt das erste Mal in meinem Leben, dass ich wirklich allein bin. Constanze ist an meiner Seite, seit ich in Wien lebe, davor war ich stets an der Leine meines Vaters. Seit ich denken kann. Er wollte immer, dass ich das werde, was er niemals sein konnte. Ich war drei Jahre alt, als ich zuhörte, wie mein Vater meiner Schwester Klavierunterricht gab. Dann habe ich es ausprobiert. Ich habe Töne gesucht und gefunden, Terzen ausprobiert, und es hat so schön geklungen. Seitdem hört das mit den Melodien nicht mehr auf. Sie laufen die ganze Zeit in meinem Kopf auf und ab.«

Da Ponte bemerkt nicht, dass zwei junge Damen in das Lokal kommen. Er hört Wolfgang aufmerksam zu. »Und dann?«, fragt er.

»Meine Fantasie war viel größer als mein Können. Ich habe Sachen gehört, die ich weder spielen noch schreiben konnte. Dann habe ich probiert, einmal etwas aufzuschreiben. Eine Katastrophe. Die Feder tief auf Grund des Tintenfasses, kaum zurück am Papier waren überall nur Flecken. Dann habe ich die Tinte mit der flachen Hand weggewischt und einfach begonnen, Noten zu schreiben. Alle haben gelacht, bis auf meinen Vater. Der hat versucht nachher die Noten zu lesen, lange Zeit hielt er das Blatt steif vor sich. Auf einmal fallen Tränen aus seinen Augen. Tränen der Bewunderung und Begeisterung. Tränen der Freude. Dann sagt er zu Herrn Schachtner, unserem Nachbarn und Hoftrompeter: »Sehen Sie nur, wie alles richtig und regelmäßig gesetzt ist, nur ist's nicht zu gebrauchen, weil es so schwer ist, dass kein Mensch es spielen könnte.« Ich sagte darauf: »Drum ist's ein Konzert. Man muss lange exercieren dafür. So lange, bis man es beherrscht. Für mich war das Spielen eines Konzertes ein Wunder, das man erreichen müsste.«

Da Ponte: »Und jetzt sagt wieder Rosenberg, im *Don Giovanni* seien zu viele Noten. Deine erste Oper in Wien wurde nicht aufgeführt, weil die Sänger behauptet hätten, die Noten wären zu schwierig zu singen. Das scheint dein Schicksal zu sein. Du kannst einfach mehr als andere!«

»Mein Vater hat mich und meine Schwester meine ganze Kindheit von einem Hof an den nächsten gehetzt, wir waren fast nur unterwegs. Aber es war nicht ausschließlich seine Eitelkeit und sein Wunsch, zu denen da oben zu gehören, mein Vater war unendlich gläubig. Er war der Meinung, dass Gott an Nannerl und mir ein Wunder vollbracht hat, und es seine Aufgabe sei, dieses Wunder der Welt zu zeigen. Er sagte immer: »Sonst wäre ich die undankbarste Kreatur.«

»Siehst du – und ich durfte schon dankbar sein, wenn mein Vater einmal nüchtern war und mich erkannt hat«, wirft Da Ponte ein.

Mozart gibt vor etwas aufzuheben und verschwindet unter dem Tisch. Er ruft hinauf: »Sprich ruhig weiter. Ich höre dich gut hier unten.«

Lorenzo rückt mit seinem Stuhl etwas nach hinten.

»Was machst du da?«

»Kannst du mir bitte meinen Becher geben und mit deinem Sessel wieder nach vorne rutschen? Ich will nicht gesehen werden. Bei der Tür ist gerade Puchberg hereingekommen. Ich hatte ihm für gestern die Rückzahlung von achtzig Gulden versprochen.«

Da Ponte sieht den Kaufmann sich umdrehen und wieder Richtung Ausgang verschwinden: »Die Luft ist rein, er ist wieder weg.«

»Ich kann mich so gut klein machen, abtauchen und wieder auftauchen«, sagt Mozart, während er unter dem Tisch hervorkrabbelt. »Als ich vier Jahre alt war, wurde ich einmal anlässlich des fünfundsechzigsten Geburtstages des damaligen Erzbischofs von Salzburg in einem Pastetenberg versteckt, hereingerollt, und dann bin ich spielend aus der Pastete auferstanden.«

»Es ist Zeit zu trinken, zu tanzen und zu sehen, was die Nacht sonst noch so für uns zu bieten hat«, meint Da Ponte, während er aufsteht und sich den Mantel anzieht.

Es wird eine lange Nacht. So lange, dass sie am Ende nicht mehr wissen, wie viele Lokale sie besucht haben. Sie haben getrunken und getanzt. Seit Wolfgang ein Kind war, hat er es geliebt zu tanzen. Eigentlich behauptet er, dass Tanzen eine Stufe zwischen Himmel und Erde ist, eine Art Hohlraum, den man frei befüllen kann. Er findet, dass er sogar besser tanzen als musizieren kann.

Erst als das Licht draußen diffus wird und die ersten Vögel beginnen in das undefinierbare Grau dieses Morgens hineinzuzwitschern, wanken die beiden die Landstraßer Hauptstraße hinaus in Richtung Mozarts Wohnung. »Ich könnte, ich könnte«, lallt Wolfgang, »auch weggehen. Wie meine Frau. Aber nach London und dort eine Oper komponieren. Das … ist weiter. Man hat mir das angeboten.«

In der Wohnung zeigt Wolfgang Da Ponte, wo er schlafen kann, da sticht ihm ein Brief mit einem kaiserlichen Siegel ins Auge.

Er entfaltet das Schreiben und hält es in den Kerzenschein. Er liest laut vor: *Aufgrund seiner herausragenden Leistungen als Kompositeur, ernennt ihn seine Majestät Kaiser Josef II zum kaiserlichen Hofkompositeur auf Lebenszeit, wofür er ein Salär von achthundert Gulden pro Jahr erhalten soll.*

Mit einem Schlag fühlen sich beide nüchtern. Da Ponte grinst ihn breit an.

»Eine herzliche Gratulation vom Hoflibrettisten zum Hofkompositeur.«

Mozart lässt den Brief sinken und sagt: »Darauf habe ich mein ganzes Leben gewartet. Damit ist London Geschichte«, um dann fröhlich auszurufen: »Morgen kaufe ich mir zur Feier des Tages ein neues Festgewand!«

Kapitel 27

»Er hält sich einfach an keine Regeln. Er baut etwas auf, dann zerstört er es wieder. Einmal glückvoll, lebensbejahend und im nächsten Moment tiefe Trauer, Todessehnsucht, gefolgt von Wut und wildem Gehämmere, in Kombination mit zärtlichsten Streichinstrumenten. Das Publikum ist eben noch vor Glück verzaubert, reißt er es schon wieder in Dunkelheit und Wut, um am Ende wieder Glückseligkeit zu versprühen.« Auf die Art echauffiert sich Hofkapellmeister Antonio Salieri. »Aber – ist das nicht auch das Leben? Hell und fröhlich und im nächsten Moment voll Trauer und Wut, bis es dann letztlich in Glückseligkeit endet«, sagt Da Ponte und nimmt einen Schluck Wein.

»Aber das Leben hat Gesetze. Und so sehr ich Maestro Mozart schätze, so sehr verstehe ich seinen Zerstörungsdrang nicht. Muss man denn wirklich alle Regeln auf der Welt brechen, Herr Hoflibrettist?«

»Wann immer es notwendig erscheint.«

»Wie auch immer – ich wollte Sie nur warnen, wir sind beide Italiener in Wien, ich schätze Ihre Libretti sehr und freue mich, dass Sie manchmal auch noch – neben Mozart – Zeit für mich finden, aber lassen Sie sich nicht mit seinem Wahn anstecken. Das wollte ich Ihnen heute nur sagen.« Salieri legt zwei Münzen auf den Tisch, deutet eine Verbeugung an und verlässt das Lokal.

Da Ponte grinst. Ihm gefällt, dass sich anscheinend Hofkapellmeister und Hofkompositeur, Salieri und Mozart, um ihn zanken, ja regelrecht eifersüchtig auf jedes Wort, das der andere von ihm erhält, sind. »Eine ganz wunderbare Situation«, denkt er, zwinkert der Küchenmagd, die aus einer Tür hervorlugt, zu und macht sich auf den Weg in die Loge »Zur Wohltätigkeit«.

Otto von Gemmingen, Freimaurer-Stuhlmeister, Schriftsteller, Freund moderner, weltoffener Gedanken steht bereits mit Mozart im Vorraum.

»Wir müssen die Reformpolitik unseres Kaisers unterstützen, auch wenn der Adel sich auflehnt, geliebte Brüder«, sagt der Meister der Freimaurerloge. Emmanuel Schikaneder kommt hinzu, ein alter Freund Mozarts aus Salzburg, der heute ein Theater in der Vorstadt betreibt: »Wenn es hier zwei Brüder in unserer Loge gibt, die effektiv den Kampf für mehr Freiheit und Gleichberechtigung führen können, dann seid es ihr, Wolfgang und Lorenzo. Ich wollte auch die *Hochzeit des Figaro* auf die Bühne bringen, mir wurde es verboten. Ihr hingegen habt es geschafft.«

»Das war ganz wunderbar«, wirft Da Ponte fröhlich ein, während Schikaneder fortfährt: »Wolfgang, ich schreibe gerade einen Text für ein Singspiel über die Freimaurerei. Es soll aber auch lustig werden. Möchtest du nicht die Musik komponieren?«

Da Ponte unterbricht: »Wir bringen gerade Don Giovanni in einer neuen Fassung nach Wien, nachdem die Oper in Prag so ein unglaublicher Erfolg war, und demnächst machen wir eine weitere Oper für das Burgtheater seiner Majestät. Ich fürchte, mein lieber Bruder Schikaneder, die Zeit wird dafür nicht reichen.«

Wolfgang grinst. Ihm gefällt die Situation, dass sich zwei Librettisten darum bemühen, ihn als Komponisten zu gewinnen: »Er tut so, als wäre Don Giovanni so viel Arbeit für ihn gewesen, aber das Einzige, was er macht, ist aufzuschreiben, was er und sein Freund Casanova so tun und denken«, sagt Wolfgang, »dabei lässt er sich von dem jungen, hübschen sechzehnjährigen Mädchen, das sich bei ihm um den Haushalt kümmert, sogenannte dichterische Inspiration servieren. Offiziell sind das Biskuits, Kaffee und ihr hübsches Gesicht.«

»Das mag ja alles sein, mein lieber Mozart, aber du siehst nur die eine Szene, nicht die vorangegangene oder die folgende. Man muss immer das große Ganze sehen«, meint Da Ponte. »Casanova ist gänzlich anders, ein Abenteurer, der sein Lebtag von Karten, Elixierkochen und Wahrsagen gelebt hat. Allerdings ein gescheiter Mann. Seitdem ich ihn nicht gesehen habe, ist er vollends in den Adelsstand erhoben worden, doch ist es mir unzweifelhaft, dass er sich dieses Diplom selbst verliehen hat.«

Mozart stellt sich in die Mitte der Runde und zitiert: »In unserer Oper erklärt Don Giovanni gegenüber Leporello: Frauen sind für mich wichtiger als das Brot, das ich esse, oder die Luft, die ich atme. Dieser Satz kann doch nur von Casanova sein.« Da Ponte scheut jeglichen Vergleich zwischen ihm, Casanova und Don Giovanni und versucht das Gespräch auf ein anderes Thema zu bringen: »Apropos, ehrwürdiger Stuhlmeister. Warum dürfen eigentlich unserer brüderlichen Vereinigung keine Frauen beitreten?«

»Aus dem gleichen Grund, den ich Ihnen vor einer Woche und der Woche davor und jener davor nannte: Wegen Ihnen, Da Ponte. Stellen Sie sich vor, in unserer Loge wären Frauen, es würde nur noch um sie gehen, jeder würde ihnen gefallen wollen, keiner mehr Schwäche zeigen, männliche Rivalität würde unsere brüderliche Verbundenheit zerschlagen«, erklärt Otto von Gemmingen mit einer Stimme wie ein Kontrabass. »Und keines Bruder Frau wäre vor Ihnen sicher«, ergänzt Schikaneder, während er Da Ponte die Zeitung *Der Rapport von Wien* aus der Tasche zieht und die von Da Ponte unterstrichenen Passagen vorliest: *Aha – Musikkenner behaupten, nach ihrer Erinnerung sei keine solche Stimme zu ihren Lebzeiten innerhalb der Mauern von Wien zu hören gewesen.* Empört nimmt ihm Da Ponte das Blatt aus der Hand, Mozart aber ergänzt: »Bitte um die notwendige Ernsthaftigkeit, geliebte Brüder. Es handelt sich hierbei um Adriana

Gabrieli, genannt *La Ferrarese* und endlich die wahre, einzige große Liebe im Leben Lorenzo Da Pontes!«

Ein Hammer schlägt auf das Pult. Die Unterhaltung der Männer wird unterbrochen. Die Freimaurer-Arbeit beginnt. »Ich bitte die profanen Gespräche einzustellen, die Würde des Ortes zu wahren und rufe die Brüder nun in den Tempel zur Arbeit«, sagt einer der Männer in dunkler Kutte. »Hast du gehört? Würde! Du Ritter vom goldenen Waschweib.« Da Ponte gibt Mozart einen kleinen Stoß in den Bauch. Schweigend zieht die Bruderkette nacheinander ein, bis hinter dem letzten die schwere Tür des Freimaurertempels ins Schloss fällt.

Kapitel 28

Es war eine gefährliche Reise. Viele hatten ihnen davon abgeraten, mitten im Winter die Alpen von Nord nach Süd, von Salzburg nach Italien in einer Postkutsche bei Minusgraden zu überqueren. Wolfgang und sein Vater Leopold Mozart reisen zu zweit, in Decken eingewickelt die Kutsche rumpelt durch das Schneegestöber, Kurve für Kurve den Alpenhauptkamm hinauf. Der Fürsterzbischof von Salzburg hat den beiden den Urlaub gewährt, den Leopold Mozart beantragt hat, um mit seinem vierzehnjährigen Sohn nach Italien, in das Mutterland der Oper, zu reisen, endlich weg zu kommen aus dem kleinen Städtchen, mit dem Ziel eine Anstellung an einem bedeutenden Hof für Wolfgang zu ergattern.

In Österreich, Wolfgang Mozart, in Italien, Amadeo de Mozartini, schreibt Wolfgang an seine zu Hause gebliebene Mutter und Schwester.

Zwanzig Dukaten haben sie als Reisebudget in einer Tabakdose, mit der sie über Mailand, Modena, Parma, Bologna nach Florenz fahren, wo Wolfgang krank ankommt. Stundenlanges Sitzen in der Kälte, schlechte Ernährung und dauerhafte Feuchtigkeit haben ihren Tribut gefordert. Bereits am zweiten April wird er vom Florentiner Hofmusikintendanten einer Prüfung in Kontrapunktik unterzogen. Sein Vater schreibt nach Salzburg, ihm seien die schwierigsten Themen und Fugen vorgelegt worden, doch er habe die Aufgabe mit der größten Selbstverständlichkeit binnen kürzester Zeit erledigt. Anerkennung und Ansehen, Beweise für die Einzigartigkeit seines Sohnes sind Grund für die Reise, daneben gilt es Konzerte für ausgewähltes Publikum zu spielen. So auch im Hause der Dichterin Corilla Olimpica, wo Wolfgang gemeinsam mit dem gleichaltrigen Thomas Linley, einem Geiger aus England, musiziert. Die beiden freunden sich sofort an und spielen gleich am nächsten Tag ein weiteres Konzert in jenem Gasthof, in dem die Mozarts nächtigen und am darauffolgenden Tag im Haus des großherzoglichen Finanzverwalters Giuseppe Maria Gavard. Leopold Mozart berichtet empört nach Hause: *Nicht als Knaben, sondern als Männer treten sie auf. Den ganzen Abend produzieren sie sich unter ständigen Umarmungen.* Bis zur letzten Minute vor der Abreise der Mozarts versucht Wolfgang seinen Vater zu überreden, noch zu bleiben, Thomas mitzunehmen oder ihn zumindest auf der Rückreise wieder in Bologna zu treffen, dieser aber bleibt hart und ist nicht gewillt, seine Reisepläne zu verändern. Zum Abschied überreicht Thomas Wolfgang ein Gedicht, das diesen zutiefst berührt. In der vorletzten Zeile steht: *Io ti ameró costante – ich werde dich immer lieben.* Gefühle sind im Leben Leopold Mozarts zweitrangig, sofern diese nicht durch Musik ausgelöst werden.

In Rom verfolgt der Stratege einen neuen Plan, um einmal mehr die Würdenträger von der Einzigartigkeit seines Sohnes zu überzeugen. Am Mittwoch vor dem Gründonnerstag gehen die beiden in die Sixtinische Kapelle, um sich dort die berühmte Vertonung des fünfzigsten Psalms, *Misere,* von Gregorio Allegri anzuhören. Ein Stück, das ausschließlich in der Sixtinischen Kapelle in Rom aufgeführt werden darf. Ein Mitnehmen der Noten wird mit Exkommunikation bestraft. Nach nur einmaligem Hören schreibt Mozart die kompletten Noten des Stücks fehlerfrei auf ein Blatt Papier. Ein weiterer, wissenschaftlicher Beweis seines Könnens, das Leopold Mozart im Vatikan vorlegt. In ihrer neuen, italienischen Garderobe hält man die beiden für einen Prinzen mit seinem Hofmeister. Sie ziehen vorbei an der Schweizer Garde und schreiten elegant bis zur Kardinalstafel. Im Rahmen eines Konzertes spielt der Vierzehnjährige kurz darauf so virtuos, dass die Zuhörer meinen, das könne nicht mit rechten Dingen zugehen. Sie deuten ihm, dass sie Zauberkräfte in seinem Ring vermuten, den Wolfgang sofort abnimmt und auf die gleiche Art und Weise weiterspielt. Der Einsatz lohnt sich. Wenige Wochen später hängt ihm der Kardinalsstaatssekretär die Ernennung zum *Ritter vom goldenen Sporn* um, drei Tage später empfängt der Papst den jüngsten Cavaliere der Geschichte und verleiht ihm den päpstlichen Orden am roten Band, Degen und dazugehörigen Sporen. Leopold Mozart steht während der Verleihung an der Seite, eine Träne läuft langsam seine Wange hinunter. Zum Bericht des Vaters von der Ordensverleihung fügt Wolfgang einzig als Postskriptum an: *An alle guten Freunde und Freundinnen, mein Kompliment, mein Handkuss an die Mama. Ritter von Mozart.*

Wenige Tage später setzen die beiden ihre Reise zurück Richtung Norden fort. Die Kutsche fährt Tag und Nacht ohne Pause durch, aus Angst vor der in Italien wütenden Malaria. In der Mitte des Sommers erreichen sie Bologna, Heimatstadt der berühmten Accademia Filarmonica, in deren Aufnahme sich Leopold Mozart für seinen Sohn bemüht und auch eine Ausnahme erwirken kann, die bedeutet, dass Wolfgang bereits in seinem Alter von nur vierzehn Jahren die Aufnahmeprüfung ablegen kann.

Padre Martini, der große Musiktheoretiker, sieht ihn ungläubig an, lässt ihn allerdings gewähren. Wenn der Mann meint, sein junger Sohn könnte eine Prüfung bewältigen, für die erwachsene, erfahrene Komponisten viele Stunden und mehrere Anläufe brauchen, soll er seine Möglichkeit erhalten. Die Aufgabe ist denkbar schwer: Zwei Zensoren geben dem Prüfling vor allen Mitgliedern der Akademie einen Marienlobgesang für eine Vesper. Dann wird der Prüfling allein in einen Raum eingesperrt, in dem er die Aufgabe hat, dazu drei weitere Stimmen, exakt nach den Regeln der Kontrapunktik zu setzen, das bedeutet gegensätzliche Melodien, nach strikten Gesetzmäßigkeiten zu komponieren, damit ein harmonischer Klang entsteht. Eine Aufgabe, die Wolfgang eher langweilt. Bereits nach weniger als einer Stunde klopft er an die Türe und erklärt, er sei damit fertig. Die Jury ist verblüfft. Das Zeugnis Martinis ist überragend. Cavaliere Wolfgang Amadé Mozart ist mit vierzehn Jahren das jüngste Mitglied in der Geschichte der Accademia Filarmonica Bologna. An seine Mutter schreibt er: *Ich bin auch noch lebendig und zwar sehr lustig. Heute kam mir die Lust, auf einem Esel zu reiten; denn in Italien ist es der Brauch, und also habe ich gedacht, ich muss es doch auch probieren.*

Nach mehr als einem Jahr des Reisens durch Italien möchte Mozart vor allem eines: Nicht mehr Amadeo de Mozartini sein, sondern wieder der einfache Wolfgang aus der Getreidegasse und zu Hause bei seiner Mama Leberknödel mit Sauerkraut essen.

Kapitel 29

Es ist eine typische Wiener Baustelle. Einer arbeitet, drei andere stehen um den Arbeitenden herum und sehen zu. Der Kleinste versucht einen Pflasterstein auf der Landstraße auszutauschen. Als Mozart in seinem neuen, weinroten dreiteiligen Anzug aus purer Seide, bestickt mit edlen Knöpfen und leuchtend-glänzender Schuhschnalle, auf die vier zugeht, beginnen sie zu flüstern. Sie scheinen ihn zu erkennen. Wolfgang fällt die Situation auf, er streckt die Brust nach vorne. In dem Moment, als er auf der Höhe der Arbeiter anlangt, sagt einer: »Maestro, Mozart«, erwartungsvoll dreht sich Wolfgang zu ihm, dann fährt der Größte fort und sagt: »Sie schulden uns noch sechs Gulden.« Alle anderen brechen in Gelächter aus. Die Spatzen scheinen es von Wiens Dächern und die Bauarbeiter aus ihren Gruben zu pfeifen, dass Wolfgang Amadé Mozart ein schlechter Schuldner ist. Etwas verstört, richtet er sich den Kragen seines neuen Rocks auf, zieht den Kopf ein und geht weiter in Richtung Postkutsche. Er lebt sowieso sparsam. Wohnt in der Vorstadt und geht zu Fuß. Die Wiener Premiere von *Don Giovanni* vor zwei Tagen war ein Reinfall. Alle sind zwar stets begeistert von der hohen musikalischen Kunst, aber empört über die angeblichen Niederungen des Theaters. In der Zeitung steht, dass Don Giovanni *die Sittsamkeit beleidigt und das Laster Jugend und Gefühl mit Füßen tritt.*

Er besteigt die Postkutsche nach Baden, um nach vielen Wochen endlich seine Frau abzuholen. Langsam setzen sich die Pferde in Bewegung, während Mozart die Zeitungen des Tages aus seiner Tasche kramt und zu lesen beginnt. Die Musik in Don Giovanni sei *überladen*, für das *ungeübte Ohr zu komplex und schwer erschließbar* steht da. Er wirft die Zeitung auf den Boden, der ältere Herr, der ihm gegenübersitzt, blickt ihn verwirrt an. »Überladen!«, ruft Mozart nach einer Minute des Schweigens aus. Der Mann neigt seinen Kopf zur Seite und greift sich mit dem linken Zeigefinger ans Ohr.

»Ungeübte Ohren!«, bellt Mozart, während er wütend aus dem Fenster schaut. »Wie bitte? Was ist mit meinen Ohren?«, meint der ältere Herr vis-á-vis. »Ungeübte Ohren. Das stimmt. Aber es ist eine Untertreibung. Schweineohren haben diese Wiener. Können wahrscheinlich nicht einmal ein Horn von einem Furz unterscheiden, die Scheißer!« Der ältere Herr sieht demonstrativ in die andere Richtung. Das konstante Rumpeln der Kutsche, das Klackern der Pferdehufe, die warme Maisonne, der Blick auf die Felder und weinbewachsenen Hügel üben langsam eine beruhigende Wirkung auf Mozart aus. Er schließt die Augen. Einmal denkt er noch daran, was der Kaiser nach der Premiere sagte. Er meinte: »*Die Oper ist göttlich. Vielleicht sogar noch besser als der Figaro, aber sie ist nicht das richtige Futter für meine Wiener.*« Und dann: »*Gebt ihnen Zeit, das zu kauen.*« Orsini-Rosenberg und Thorwart haben nur gelacht. Langsam verschwimmen die Wörter und Bilder dieser Premiere, die Augen werden schwer, und im Kopf entsteht eine leichte Melodie. Einzig zwei Finger seiner Hand bleiben wach und beginnen im Takt zu klopfen.

»Baden!«, schreit der dicke, bärtige Kutscher uncharmant von seinem Bock hinab. Mozart sieht sich um, springt aus dem Wagen und macht sich auf die Suche nach Constanze. Auf einer Wiese, hinter dem Josefsbad, sieht er sie endlich, umgeben von einer Schar junger Männer und Damen beim Picknick. Alle sitzen auf Decken unterhalb einer alten Eiche, lachen, singen, essen und trinken. Einen Moment lang bleibt Wolfgang hinter einem Gebüsch stehen und beobachtet die Szenerie. Dann kann er sich nicht mehr halten und läuft auf sie zu. Nach wenigen Metern erkennt auch sie ihn, lässt ihr Weinglas auf die Decke fallen, quietscht und läuft mit weit ausgebreiteten Armen in seine Richtung. »Wolferl!«, schreit Constanze und springt mit einem Satz auf ihn, umschlingt ihn mit Armen und Beinen, worauf beide rücklings ins Gras fallen. Wie zwei Welpen balgen sie sich, bis der neue weinrote Seidenrock Mozarts fast nur noch aus braungrünen Grasflecken besteht.

»Scha-bla-pum-fa!«, ruft Wolfgang aus, während er ihr mit jeder Silbe an einer anderen Stelle einen Kuss gibt. »Du hast mir so gefehlt!«

Mit tiefer Stimme fragt er sie: »Aber, bist du auch brav gewesen?«

»Ich? Immer!« Sie zwinkert. »Die Frage ist wohl eher, ob du es warst?«

»Für mich gibt es nur dich! Du hast einen Mann, der dich liebt und der alles, wozu er im Stande ist, für dich tut. Wer sind außerdem diese ganzen Männer unter diesem Baum?«

Constanze springt auf, nimmt ihn an der Hand und zieht ihn zu der Gruppe. Einen jungen Mann nach dem anderen stellt sie vor.

»Ich bin Wolfgang und ich kann mir leider keine Namen merken«, ruft er in die Runde und winkt, um sich weitere Vorstellungsrituale zu ersparen. »Wissen wir!«, sagt einer der Burschen. Ein anderer Mann, der vorher noch sehr vertraut neben seiner Frau saß, steht auf, tritt vor Wolfgang und verbeugt sich: »Franz Xaver Süßmayr. Ich bin Komponist und einer der größten Verehrer ihrer Kunst, Herr Hofkompositeur.«

Mozart unterbricht ihn: »Oh – Sie nennen mich Hofkompositeur, das sagen sonst nur Menschen, die etwas von mir wollen. Ich sag es lieber gleich: Ich kann Ihnen leider kein Geld leihen.« Die Gruppe lacht.

Süßmayr fährt fort: »Nein, mein Ansinnen ist ein Gegenteiliges. Ich wollte Sie fragen, ob Sie sich vielleicht bereit erklären würden, mir, nach meiner Rückkehr nach Wien, Unterricht zu erteilen?«

Wolfgang ist skeptisch. Der junge Mann, der hier in Baden so vertraut neben seiner Frau sitzt, möchte also auch in Wien in ihrer Wohnung ein- und ausgehen? Da er aber nicht unsympathisch wirkt und Wolfgang jeden Gulden brauchen kann, antwortet er: »Und? Haben Sie auch brav gespart? Ich bin nämlich kein billiges Kompositeurchen.«

»Wir werden uns sicher einig werden«, antwortet Süßmayr und reicht ihm die Hand. Constanze nimmt ihre Jacke, hängt sich bei ihrem Mann ein, beide verabschieden sich und gehen in Richtung der kleinen ebenerdigen Wohnung, die Mozarts Freund, der Chorleiter aus Baden, Anton Stoll, Constanze, auf seine Bitte hin, organisiert hat. Vor dem Haus angekommen, ruft Mozart in Richtung der geöffneten Fenster im zweiten Stock: »Stoll! Seins kein Schroll!« Nach ein paar Minuten erscheint der Chorleiter am Fenster und schaut erfreut zu den Mozarts hinunter.

Wolfgangs Begrüßungsworte: »Was ist? Waren's am Scheißhäusel?«, hallen durch die ganze Straße. Anton Stoll hält bloß seinen Zeigefinger vor die geschlossenen Lippen und flüstert: »Pssst, Mozart. Ich komm schon.«

An der Tür fallen sich die beiden in die Arme. »Ich danke Ihnen, ich danke Ihnen, ich danke Ihnen! Nur weil meine Stanzi diese Wohnung bewohnen durfte, geht es ihrem Haxerl jetzt wieder gut.«

Mozart ist beseelt. »Ich habe leider kein Geld, aber wie kann ich mich trotzdem bei Ihnen erkenntlich zeigen?«

»Nun ja, mein lieber Mozart«, antwortet Stoll etwas unsicher, »es gäbe da tatsächlich etwas, über das ich mich unendlich freuen würde …«

»Was? Was? Alles, was ich Ihnen geben kann, Sie wissen, dass mein wunderbares Weibi lebt und gesund ist, ist für mich das Wichtigste«, unterbricht ihn Wolfgang und zwickt seiner Frau unbemerkt in ihr Hinterteil.

»Herr Mozart, wenn Sie ein Stück für meinen Kirchenchor komponieren könnten, wäre das die größte Freude, die sie mir, meinen Chormitgliedern und der ganzen Stadt Baden machen könnten.«

Mozart löst in der Sekunde die Umarmung mit seiner Frau, zwinkert ihr zu, sie möge nicht weggehen, er sei gleich ganz für sie da. Dann setzt er sich an den Küchentisch, nimmt ein Notenblatt, taucht die Feder in das Tintenfass und schreibt binnen zehn Minuten einen vierstimmigen Chor, mit Streichern und Orgel.

Kurz sieht er auf und fragt den Chorleiter: »Stolli, Sie haben einen gemischten Chor, richtig?«, Wolfgang nimmt aus dem Augenwinkel ein kurzes Nicken wahr und schreibt in Windeseile weiter. Dann hebt er das Notenblatt, bläst die Tinte trocken, reicht es ihm und sagt: »Hier. Für Ihren Fronleichnamsgottesdienst.«

Die Komposition trägt den Titel *Ave Verum Corpus* und wird noch hundert Jahre später vielen als die göttlichste Komposition aller Zeiten gelten.

Wolfgang steht auf, nimmt seine Frau an der Hand und verschwindet mit ihr ins Schlafzimmer. Eine halbe Stunde später liegt Constanzes Kopf auf seinem Bauch, er streichelt ihr übers Haar.

»Sag mal, Stanzi, findest du mich eigentlich dick?« Sie hebt ihren Kopf. » Wie kommst du jetzt darauf?«

Er antwortet: »Diese ganzen jungen Männer, mit denen du da auf der Picknickdecke warst, die sind alle schlank, groß und gut aussehend. Ich bin das immer nur in meinen Träumen.«

Constanze bricht in Gelächter aus: »Ich liebe meinen Wolfbär, mit oder ohne Bauch.«

»Aber, dieser Süßmayr. Der ist sicher zehn Jahre jünger als ich, und manche könnten vielleicht meinen, er wäre gar auch noch fescher.«

»Na, das kann ja nicht so schwer sein«, sagt Constanze und lacht auf, »aber, da brauchst du dir gar keine Sorgen zu machen. Außerdem ist der gar nicht so gutaussehend. Da finde ich Martin viel attraktiver.«

»Martin? Ich heiße aber nicht Martin. Wer ist Martin?« Constanze erklärt ihm, welcher der jungen Männer Martin war, und hat Freude an seiner Eifersucht. Dann springt er auf, steht in seiner viel zu engen Unterhose, die ihn am Bauch einschneidet und rote Striemen erzeugt, kerzengerade vor ihrem Bett, sagt, er habe soeben einen neuen Kanon komponiert und beginnt zu singen:

»Ooooh, du eselhafter Martin,
oh, du martinischer Esel,
du bist so faul,
als wie ein Gaul,
der weder Kopf noch Haxen hat,
mit dir ist gar nichts anzufangen,
ich seh dich noch am Galgen hangen.«

Constanze schlägt die Hände vor den Augen zusammen, krümmt sich vor Lachen und zieht ihn unmittelbar an seiner knielangen Hose zurück ins Bett. Dann dreht sie sich zu ihm und sagt: »Mach dir keine Sorgen wegen anderen Männern. Und wenn mir einer gefallen sollte, dann brauch ich ihn sicher nur kurzzeitig als Muse.«

Mit einem Schrei stürzt sich Mozart auf sie und beißt sie so lange in den Hals, bis aus dem Balgen ein Lieben wird und sie für eine weitere Stunde im Bett verschwunden bleiben.

Kapitel 30

Gräfin Thornstein hat zum Empfang in ihr Palais geladen und alles, was in Wien Rang und Namen hat, ist gekommen. In kleinen Grüppchen sitzen die Damen zusammen, in Schichten aus Spitze und französischer Seide wallen sich ihre Kleider, dann wieder, etwas weiter, eine Traube von vier bis fünf Männern, die lachen und trinken. Mozart wurde dieses Mal nicht eingeladen, im Gegensatz zu Da Ponte, der ja seine Opernlibretti für viele, unterschiedliche Musiker schreiben soll. Einige der alteingesessenen Komponisten sind auch anwesend. Vorneweg der gestrenge Salieri, aber auch Joseph Haydn, der von Raum zu Raum, von Gruppe zu Gruppe geht und überall ein bisschen sein Ohr hinhält, um zu hören, was gesprochen wird. Es scheint, als würde die gesamte Wiener Gesellschaft ein Thema diskutieren: Don Giovanni. Nach zehn Aufführungen hat Hofoperndirektor Orsini-Rosenberg, gemeinsam mit seinem Finanzdirektor Thorwart – beide sind selbstverständlich auch anwesend – das Werk abgesetzt.

Da Ponte steht neben Salieri, der ihn fragt, ob er nicht Zeit hätte für ihn ein Libretto für eine Opera buffa, eine Geschichte über zwei Liebende, zu schreiben. Lorenzo hört die Frage, sagt aber nichts. Nach ein paar Sekunden des Nachdenkens, in denen er versucht, die Herkunft seines aufkeimenden negativen Gefühls zu ergründen, siegt der Kopf, das logische Denken, über seelische Zweifel, und er antwortet: »Herr Hofkapellmeister, es wäre mir eine außerordentliche Ehre. Ich werde mich sogleich an die Arbeit machen.«

Ein paar Meter weiter hört Joseph Haydn, wie sich eine Runde bekannter Männer der Wiener Gesellschaft über Don Giovanni echauffiert. »Diese verruchte Figur. Anstand und Sittsamkeit werden durch ihn beleidigt«, sagt einer. Ein anderer, der bekannt dafür ist, sich aus dem Haus zu stehlen, sobald seine Frau in ihrem Bette eingeschlafen ist, pflichtet ihm bei: »Es ist gut und richtig, dass dieses Schandwerk abgesetzt wurde. Mozart sollte sich schämen und wird dafür von Gott bestraft werden. Diese Oper ist eine einzige Schamlosigkeit und eine Gefahr für alle Werte unserer Welt. Allen voran die der Familie.« Ein Dritter ergänzt: »Die Strafe folgt sowieso auf dem Fuße. Mozart ist nur noch verschuldet, seine Noten will niemand mehr, für Konzerte werden keine Karten verkauft und seine Frau sitzt angeblich krank in Baden, vergnügt sich dort allerdings – wie man hört – mit einer Schar junger Männer.«

Die Runde ein paar Meter weiter versucht sich in musikalischer Analyse: »Mozarts Musik ist zu einer Herausforderung geworden. Er macht es seinem Publikum zunehmend schwer all diese Noten verfolgen zu können«, hört Haydn.

Dann wendet sich Gräfin von Thun direkt an Salieri. »Uns war immer klar, dass dieser Mozart nur eine kleine Sternschnuppe aus Salzburg ist, die rasch wieder verglühen wird. Seine Kompositionen reichen mit Sicherheit nicht im Ansatz an jene von Ihnen, Glück oder Martin y Soler heran.«

Joseph Haydn bleibt stehen, gesellt sich zu der Gruppe, der seine Anwesenheit bis dahin noch nicht aufgefallen war. Er sagt: »Frau Gräfin, meine Damen, die Herren Kompositeure. Durch Zufall wurde ich soeben Zeuge ihrer kleinen musikalischen Analyse betreffend Maestro Mozart, der heute anscheinend leider nicht unter uns weilen kann. Lassen Sie mich ihnen allen nur eines sagen: Keiner in dieser Gruppe – ich miteingeschlossen – und kein Mensch, der jemals zuvor auf dieser Erde gelebt hat und wahrscheinlich auch keiner, der jemals nach uns leben wird, kann auch nur im Ansatz an das musikalische Genie, das Können, die Einzigartigkeit von Wolfgang Amadé Mozart herankommen.«

Er tritt einen Schritt zurück, schwingt die linke Hand hinter seinen Rücken, während zeitgleich die rechte nach vorne gleitet, verbeugt sich und sagt: »Exzellenz, meine Damen und Herren, ich darf mich für heute empfehlen.« Und verlässt das herrschaftliche Palais in Richtung seiner Wohnung.

Dort angekommen, zündet er sich eine Kerze an, setzt sich an seinen Tisch, nimmt die Feder in die Hand und beantwortet die vor zwei Tagen erhaltene Opernanfrage aus Prag. Er schließt seinen Brief mit den Worten: *Denn könnte ich jedem Musikfreund, besonders aber den Großen, die unnachahmlichen Arbeiten Mozarts, so tief und mit einem solchen musikalischen Verstande, mit einer so großen Empfindung, in die Seele prägen, als ich sie begreife und empfinge, so würden die Nationen wetteifern, ein solches Kleinod in ihren Ringmauern zu besitzen. Prag soll den teuren Mann festhalten, aber auch belohnen; denn ohne dieses ist die Geschichte großer Genien traurig. Mich zürnt es, dass dieser einzige Mozart noch nicht bei einem kaiserlichen oder königlichen Hof engagiert ist.*

Joseph Haydn faltet den Brief, versiegelt ihn und legt ihn auf den kleinen Tisch neben seiner Garderobe. Am nächsten Morgen wird er ihn mit der Postkutsche nach Prag senden.

Kapitel 31

Paris ist schmutzig. Paris ist laut. Die Preise sind um fünfzig Prozent gestiegen. Die Bevölkerungszahlen in den letzten fünfzehn Jahren, seitdem die Mozarts nicht hier waren, explodiert. Die Kanäle können nicht mehr genug Schmutzwasser und Exkremente aufnehmen, und das Geld wird ihnen auch knapp. Anna Maria Mozart, Wolfgangs Mutter, schreibt an Leopold in Salzburg. Sie musste ihren Sohn auf diese gemeinsame Reise durch Deutschland bis nach Frankreich – auf Wunsch ihres Mannes – begleiten, und es gefällt ihr gar nicht. Sie versteht kein Wort Französisch, und die Franzosen weigern sich ihrerseits beharrlich, auch nur ein Wort einer anderen Sprache – und sei es Zeichensprache – zu verstehen. Das Essen ist ungenießbar, ihr Quartier liegt am Stadtrand, sie sitzt den ganzen Tag allein im dunklen Zimmer, während Wolfgang unterwegs ist und versucht, in der Pariser Musikszene Fuß zu fassen.

Leopold Mozart schreibt seinem Sohn aus Salzburg, er müsse sich Freunde schaffen, Gönner finden, Menschen von Bedeutung. Er müsse sich an die Pariser Gebote anpassen. Höflich sein, sich an das Publikum anbiedern und das komponieren, was die Pariser hören wollen. Um abzusichern, immer den richtigen Geschmack zu treffen, solle er seine Werke vorab Freunden vorspielen, die sich in der Pariser Musikwelt auskennen, und falls sie Anmerkungen hätten, wären die sofort umzusetzen und das Werk zu ändern. Wolfgang rollt mit den Augen. Es entspricht ihm nicht, sich anzupassen. Lieber sollen sich die anderen ihm anpassen. Seinem Vater schreibt er: *Es ist höchste Zeit, dass die Musik hier in Frankreich einen Arsch bekommt. Einen Kopf hat sie. Aber eben nur den und das ist das größte Unglück.* Dennoch will er es seinem Vater recht machen und versuchen eine Pariser Sinfonie zu komponieren. Die Franzosen lieben das Spektakuläre, also verwendet er so viele Instrumente wie nie zuvor. Zum ersten Mal sogar Klarinetten, die in der französischen Hauptstadt angeblich so beliebt sind. Nach der ersten Orchesterprobe schreibt er an den Vater, dass er in seinem ganzen Leben nichts Schlechteres gehört habe. Die französischen Musiker hätten Taktgefühle, vergleichbar mit einer Horde Dromedare und Ohren wie Säue, die ihre Köpfe den ganzen Tag im Schlamm wälzen. Zu Fronleichnam findet die Uraufführung statt. Mozart gibt Paris, was Paris möchte. Fanfaren, Pauken und Trompeten. Aber nur im ersten Satz. Im dritten bereits verweigert er, um das Publikum im vierten Satz lautstark aus seiner Enttäuschung in Euphorie zu führen. Einen Tag später wird Anna Maria Mozart krank. Wolfgang sagt sämtliche Unterrichtsstunden, mit denen sich die beiden bis jetzt über Wasser gehalten haben, ab und verlässt nicht mehr ihr Zimmer. Zwei Tage später bekommt sie hohes Fieber, sechs Tage später hört sie nichts mehr. Mozart bleibt Tag und Nacht bei seiner Mutter. Er komponiert nicht und spielt keine Konzerte. Den ganzen Tag sitzt er am Bettrand seiner Mutter, gibt ihr zu essen und zu trinken, liest ihr aus einem Buch vor, obwohl er weiß, dass sie taub geworden ist. Seine Mutter hat ihm immer nur Wärme und Liebe gegeben, anders als der Vater, der sich stets auf Anweisungen, Drohungen und Enttäuschungen spezialisiert hatte. Am dritten Juli verliert sie das Bewusstsein, noch am gleichen Abend stirbt sie.

Wolfgang sitzt neben der Leiche seiner Mutter und schreibt an den Vater und die Schwester: *Ich habe ihnen eine sehr unangenehme und traurige Nachricht zu geben. Meine liebe Mutter ist sehr krank. Sie hat, wie sie es gewohnt war, Ader gelassen, doch einige Tage später klagte sie Frost und zeitgleich Hitze, bekam Durchfall und Kopfschmerzen. Sie ist sehr schwach und fantasiert, man gibt mir Hoffnung, aber nicht viel. Ich habe mich ganz dem Willen Gottes hingegeben, denn ich glaube, dass kein Doktor, kein Mensch, kein Unglück, kein Zufall einem Menschen das Leben geben oder nehmen kann, sondern nur Gott allein. Wenn einmal die Zeit da ist, so nutzen alle Mittel nichts, sie befördern den Tod eher, als sie ihn verhindern. Ich sage deswegen nicht, dass meine Mutter sterben wird und sterben muss, dass alle Hoffnung verloren sei. Sie kann frisch und gesund werden, aber nur wenn Gott will.*

Meine liebe Mutter ist in Händen des Allmächtigen, will er sie uns noch schenken, wie ich es wünsche, so werden wir ihm für diese Gnade danken, will er sie aber zu sich nehmen, so nutzen all unsere Ängste, Sorgen, unser Verzweifeln nichts. Leben Sie also wohl, liebster Papa, erhalten Sie mir Ihre Gesundheit, ich küsse ihnen tausend Mal die Hände und meine Schwester umarme ich von ganzen Herzen und bin ihr gehorsamster Sohn, Wolfgang Amadé Mozart.

Er faltet und versiegelt den Brief, bläst die Kerze am Nachttisch seiner Mutter aus, zieht ihr noch einmal zärtlich die Decke über den Körper und verlässt den Raum.

Der Zweiundzwanzigjährige versucht zu schlafen. Er fragt sich, ob er sich in einem Traum befände. Immer wieder steht er auf, nimmt den Kerzenständer in die Hand und öffnet die Tür zum Nebenzimmer. Seine Mutter liegt tot im Bett. Es ist kein Traum. Er denkt, überlegt, was zu tun sei, zeitgleich sieht er immer ihr Gesicht, ihr liebevolles Lächeln, spürt, wie sie ihm über den Kopf streichelt. An Schlaf ist nicht zu denken. Er steht auf und schreibt einen zweiten Brief, diesmal an seinen Freund Joseph Bullinger, der im Jesuitenorden in Neuburg an der Donau tätig war und heute Erzieher und Hofmeister des Grafen Leopold Ferdinand von Arco ist. Ein Geistlicher ist jetzt der richtige Ansprechpartner für Wolfgang. Der Brief beginnt mit den Worten: *Für Sie ganz allein.* Dann setzt Mozart fort: *Trauern Sie mit mir, mein Freund. Dies war der traurigste Tag in meinem ganzen Leben.*

Dies schreibe ich um zwei Uhr nachts, ich muss es Ihnen doch sagen, meine geliebte Mutter ist nicht mehr. Gott hat sie zu sich berufen. Er hatte sie mir gegeben, er konnte sie mir auch nehmen. Sie starb, ohne, dass sie etwas wusste. Löschte aus, wie ein Licht. Heute Nachmittag verlor sie alle Empfindungen und Sinne, ich drückte ihre Hand, redete sie an, sie aber sah mich nicht, hörte mich nicht und empfand nichts. So lag sie, bis sie vor fünf Stunden verschied. Ich bitte Sie nun um nichts, als dass sie meinen Vater ganz sachte auf diese traurige Nachricht vorbereiten. Ich habe ihm mit der gleichen Post geschrieben, aber nur dass sie schwer krank ist. Gott gebe ihm Stärke und Mut. Mit diesen Worten löscht Wolfgang die Kerze.

Sechs Tage später schreibt Mozart erneut an seinen Vater: *Monsieur, ich hoffe, Sie werden bereit sein eine der traurigsten und schmerzhaftesten Nachrichten mit Standhaftigkeit anzuhören, Sie werden durch meinen letzten Brief vom dritten Juli in die Lage gesetzt worden sein, nichts Gutes zu hören. An diesem Tag ist nämlich um zehn Uhr einundzwanzig gottselig meine geliebte Mutter entschlafen. Als ich Ihnen aber schriebe, war sie schon im Genuss der himmlischen Freuden, alles war schon vorbei. Ich schrieb Ihnen in der Nacht. Ich hoffe, Sie und meine Schwester werden mir diesen kleinen und notwendigen Betrug verzeihen. Da ich von meinen Schmerzen und meiner Traurigkeit auf die ihrige schloss, konnte ich es unmöglich übers Herz bringen, Sie mit dieser schrecklichen Nachricht zu überraschen.*

Wolfgang Amadé Mozart verlässt Paris in Richtung Nancy. Ziel ist Salzburg, in das er vorläufig plant zurückzukehren, allerdings nicht ohne auf dem Rückweg noch einen mehrwöchigen Stopp in Mannheim einzulegen, um die schöne Aloisia Weber wiederzusehen.

Kapitel 32

»In Frankreich verändert sich die Welt!«, ruft Da Ponte Mozart zu, »der dritte Stand hat doppelt so viel Abgeordnete wie bisher. Jean Jacques Rousseau hat es immer schon gesagt: Alle Menschen sind frei und gleich von Geburt an. Wolfgang, hier geht eine Revolution los. Das Volk nimmt sein Schicksal selbst in die Hand und kämpft für Freiheit, Gleichheit und Brüderlichkeit. Neue Zeiten brechen an, und wir sind dabei!«

Mozart antwortet: »Wir sind in Wien. Hier ist nichts mit neuer Zeit. Wir bekommen die neue Zeit, wenn sie überall anders schon alt ist.« In dem Moment klopft es an die Tür. Ein kaiserlicher Bote in Livree übergibt Mozart ein Schreiben des Kaiserhofs. Er sieht Da Ponte fragend an, der ihm deutet, nicht so lange zu warten und es endlich zu öffnen. Wolfgang liest: »Seine Majestät, Kaiser Joseph II, hat Herrn Hofoperndirektor Graf Orsini-Rosenberg die Anweisung gegeben, die Oper *Die Hochzeit des Figaro* erneut in den Spielplan aufzunehmen.«

Da Ponte jubiliert: »Das ist doch ganz wunderbar, Wolfgang. Du hast wieder eine Präsenz am Spielplan. Das ist deine Rückkehr auf die Bühne.«

Wolfgang verschränkt seine Arme. »Das macht der Kaiser nur, weil er denkt, damit revolutionäre Gedanken in Wien im Keim ersticken zu können.«

»Warum er es macht, ist völlig gleichgültig. Er tut es und das ist ganz wunderbar.« Mozart kann sich nicht so recht freuen. »Aber es wird mir keinen Gulden einbringen, und wenn ich nicht bald wieder Geld verdiene, sieht es gar nicht gut für mich und meine Familie aus.«

An der Tür klopft es schon wieder. »Ist hier eigentlich auch irgendwann einmal eine Ruhe, oder lebe ich in einem Vogelhaus?"

Franz Xaver Süßmayr begrüßt Constanze etwas zu herzlich und tritt ins Zimmer. Da Ponte verabschiedet sich und macht sich auf den Weg zu Antonio Salieri, um ihm das versprochene Libretto für eine neue Oper zu präsentieren. Wolfgang gibt Süßmayr, der offensichtlich mehr Interesse an Constanze als an ernsthafter Musiklehre hat, trotzdem seine Unterrichtsstunde.

Da Ponte fährt in eigener Kutsche vor dem Schloss Schönbrunn vor, wo er von Antonio Salieri erwartet wird. Im Gepäck, eine ganze Tasche voll mit Texten für eine neue Opera buffa.

»Herr Hofkapellmeister, ich präsentiere Ihnen heute ein ganz wunderbares Stück, das allein aus meiner Feder, ohne eine literarische Vorlage verwendet zu haben, stammt.«

Salieri nimmt den Stoß Papiere und legt ihn achtlos zur Seite. »Der Kaiser hat einen Brief von der Front geschrieben. Er findet, dass das Opernhaus zu hohe Kosten verursacht, und hat Rosenberg deshalb brieflich angewiesen, das Ensemble mit Ende der Spielzeit aufzulösen.«

»Wie bitte? Das darf nicht wahr sein? Woher wissen Sie das?«, will Da Ponte wissen.

»Die Nachricht erreichte mich vor wenigen Tagen über Johann Thorwart«, antwortet Salieri.

»Immer dieser Thorwart, dieser unsägliche Kerl. Von dem kam noch nie etwas Gutes!«

Da Ponte schweigt für ein paar Sekunden, dann dämmert ihm. »Das hieße ja, dass meine Position am Hofe ebenso in Gefahr wäre.«

»Nun ja, wenn man keine Hofoper mehr hat, braucht man wahrscheinlich auch keinen Librettisten mehr«, sagt Salieri.

»Das kann wirklich nicht sein. Das müssen wir bekämpfen. Geben Sie mir ein paar Tage Zeit, bis seine Majestät vom

Türkeikrieg zurückkehrt, ich brauche dann eine Audienz.« Da Ponte eilt davon.

Wie es Lorenzo Da Pontes Art ist, reagiert er sofort und unmissverständlich. Zunächst muss ein Bedürfnis geschaffen werden, eine Empörung, es braucht einen Aufschrei, dann starke Verbündete und wenn man das hat, hat man die Lösung gar nicht mehr weit. Er verehrt, er liebt diesen Kaiser und weiß, dass der Monarch niemals, ohne wirklich in Not zu sein, seine geliebte Oper aufgeben würde, also braucht es dringend Mittel, um diese missliche Lage zu beenden. Zunächst lässt er zahlreiche anonyme Briefe von seinem hübschen sechzehnjährigen Hausmädchen schreiben. Er sagt ihr die Texte an, sie bringt sie zu Papier und sendet die Briefe an die wichtigsten Zeitungen der Stadt. Das ist das Schaffen eines Bedürfnisses durch Läuten der Alarmglocken.

Das Hofburgtheater soll geschlossen werden!, titeln so gut wie alle relevanten Zeitungen der Stadt an den nächsten Tagen. Jetzt muss Da Ponte die wichtigsten Leute des Wiener Gesellschaftslebens treffen, allen voran Baron von Gontard, ein bekannter Bankier, der sich seit vielen Jahren für das Wiener Opernhaus verwendet. Da Ponte besucht Bälle, Empfänge und nimmt über Wochen jede Einladung, die er erhält, wahr. Überall, wo er hinkommt, spricht er mit den Damen der Wiener Gesellschaft, die vorgeben, die Oper mehr zu lieben als alles andere auf der Welt. Nicht nur, weil er Damengesellschaft grundsätzlich bevorzugt, sein Kalkül ist einfach: Wenn Damen unglücklich sind, weil ihnen etwas weggenommen wird, fühlen sich ihre Männer eher verpflichtet, etwas dagegen zu tun, als wenn man den Herren nur androht, sie eines unbequemen Schlafplatzes zu berauben, wofür viele die Oper verwenden. Thorwart liest in bester Laune bei einer der Proben den Brief des Kaisers vor versammeltem Ensemble vor. Da Ponte muss, mithilfe Rosenbergs, an die Finanzunterlagen des Theaters kommen. Der Feind muss gespalten werden.

Es ist eine lange Geschichte, die Da Ponte dem Hofoperndirektor erzählen muss, bis er die Buchhaltung seines Hauses ausgehändigt bekommt: »Exzellenz, ich weiß wir waren in der Vergangenheit nicht immer einer Meinung, aber nun gilt es zusammenzuhalten. Ich weiß, wie sehr Ihr tief drinnen ein Kunstmensch, ein Musiker seid. Die Sorge um die Oper raubt nicht nur mir den Schlaf. Abgesehen von den vielen Familien, die an der Theatertruppe hängen und die in Armut versinken werden, geht es doch vor allem um Euren Platz in der Geschichte. Finanzdirektor Thorwart hat nicht das gleiche Interesse wie Ihr. Es ist Ihr Name, der in den Geschichtsbüchern der Zukunft stehen wird, als jener, der der Hauptstadt der Musik die Oper nahm und Wien zu einem traurigen, kulturlosen Ort machte. Teilt mit mir Eure Sorgen, Eure Finanzen, ich werde eine Lösung finden, und Ihr werdet berühmt, als Retter der Wiener Hofoper. Aber bitte sprecht nicht mit Thorwart darüber. Er hat ein anderes Interesse. Euer Scheitern gibt ihm die Möglichkeit der Rückkehr, aber auf Euren Stuhl.«

Nach einem kurzen Moment des Zögerns sagt ihm Orsini-Rosenberg zu, die kommende Nacht allein in der Hofoper verbringen zu dürfen, um alle Zahlen abzuschreiben.

Da Ponte muss einen Finanzplan erstellen, damit dem Kaiser gleich nach seiner Rückkehr eine Lösung präsentiert werden könne. Mozart kann er für all das nicht gebrauchen. Er ist zwar ein hervorragender Rechner und liebt Zahlen, nur fehlt es ihm am notwendigen Taktgefühl in der Überzeugungsarbeit bei den Wiener Damen von Welt. Dafür sucht ihn Salieri überraschend in seiner Wohnung auf. »Der Kaiser ist in zwei Wochen wieder in der Stadt. Ich hoffe, Sie sind vorbereitet, denn wenn jemand seine Majestät dazu bewegen kann, seine Meinung zu ändern, dann Sie, Da Ponte«, sagt er, während er ihm das Manuskript seines neuen Opernlibrettos auf den Tisch legt.

»Haben Sie es gelesen?«, fragt Lorenzo. »Ja, es ist albern, es ist unmoralisch und nicht wert vertont zu werden.« Und nach einer kurzen Pause, »aber geben Sie es Mozart. Es ist ihm auf den Leib geschrieben.«

Salieri verbeugt sich und verlässt die Wohnung so überraschend, wie er sie wenige Minuten zuvor betreten hat. Da Ponte steht der Mund offen, er hört die Tür ins Schloss fallen und setzt sich mit weit geöffneten Augen hin. Langsam wiederholt er die eben vernommenen Worte: »Nicht wert, vertont zu werden. Albern. Unmoralisch.« Er schüttelt den Kopf. Das auch noch. Aber es wäre nicht Da Ponte, wenn Aufgeben für ihn keine Option wäre. Er nimmt das gesamte Libretto, wie es ist, packt es unter den Arm und macht sich auf den Weg zu Mozart.

»Der Kaiser hat mich um ein Opernlibretto für den Karneval gebeten. Hier ist es. Es wird wunderbar, wenn du die Oper komponierst«, sagt er zu Wolfgang und drückt ihm gleich in der Tür den Stoß Papiere in die Hand. Mozart, der aussieht, als hätte er seit Tagen seine Wohnung nicht verlassen, entschuldigt sich für seinen Aufzug und bittet Da Ponte in sein Zimmer. Entwürfe für neue Bettelbriefe an Johann Michael Puchberg, dazwischen Noten neuer Kompositionen, liegen auf dem Boden herum. »Hat dir Salieri einen Korb gegeben?«, fragt ihn Mozart.

»Nun ja, so kann man das nicht sagen, aber möglicherweise ist sein Humor und meine Wortwahl, in Kombination mit dem Karneval, nicht die optimalste aller Varianten«, erklärt Da Ponte. Dann setzt sich Mozart ans Klavier und schlägt vier schwere Moll-Akkorde an. »Sein Humor? Klingt so: Bamm, Bamm, Bamm, Bamm.« In spätestens drei Tagen wird er ihm erste Ideen für die neue Oper präsentieren.

Kapitel 33

Das Feuer lodert im Kamin des Arbeitszimmers seiner Majestät, in der Hofburg in Wien. Im Gegensatz zum Audienzsaal ist dieser Raum erstaunlich schlicht gehalten. Der Kaiser verzichtet auf Prunk. Mit Tugend und Beispiel voranzugehen ist der Wahlspruch Josephs des Zweiten. Der Monarch wirkt angespannt. Aufstände, Kriege und wirtschaftliche Not belasten ihn. Der Türkenkrieg, die Preußen und die österreichischen Niederlande, daneben gilt es, eine Revolution wie in Frankreich im Habsburgerreich zu verhindern. Trotz all seiner Sorgen, interessiert er sich zu Beginn des Gesprächs für sein Gegenüber und fragt Da Ponte, wie es ihm ginge.

»Majestät, es könnte nicht schlimmer gehen.«

»Wie? Warum?«, fragt der Kaiser.

»Wir sind verzweifelt und voller Trauer, unser geliebtes Burgtheater zu verlieren. So viele Menschen und Familien werden zu Grunde gehen, und die Wiener verlieren ihre einzige Freude, ihr Lebenselixier in so schwierigen Zeiten, ihre Hoffnung: die Musik. Ein Volk wird taub, es wird unglücklich, und auf diesem Nährboden werden die Samen für aufrührerische Gedanken gedeihen. Daher bin ich in Sorge um das Reich.«

»Aber ich kann nicht weiter solche ungeheuren Summen ausgeben, nur um mich und andere zu unterhalten, wo ich das Geld doch für wichtigere Dinge benötige. Habt Ihr eine Vorstellung davon, dass mich die Oper mehr als achtzigtausend Gulden pro Jahr kostet? Ich kann das Geld nicht von dem einen abziehen, um es dem anderen zu geben.«

Während seine Majestät spricht, zieht Da Ponte umsichtig ein großes Stück Papier heraus, das er mehrmals so auffällig entfaltet, dass sich der Kaiser selbst unterbricht und fragt, was das denn sei?

»Eine kurze Bittschrift«, antwortet Da Ponte.

»Kurz?«

»Ja, sehr kurz«, erwidert Da Ponte. Feierlich entfaltet er das Schreiben.

»Auf so einem großen Stück Papier?«, fragt der Kaiser.

»Ja. Eine kurze Bittschrift«, entgegnet Da Ponte.

Auf dem Papier finden sich nur zwei Zeilen: Jeder kann Vorschläge machen.

Es geht darum, ob sie akzeptiert werden, oder nicht.«

Der Kaiser muss lachen und fragt, welche Vorschläge Da Ponte denn zu machen hätte?

»Ich bitte Eure Majestät in Eurem Theater mit der derselben Truppe dieselben Stücke, drei Mal pro Woche aufführen zu dürfen.«

»Ihr? Ihr habt so viel Geld?«, fragt der Kaiser.

»Das nicht, Majestät. Aber ich habe einiges unternommen!« Da Ponte zieht zwei weitere Blätter aus seiner Tasche, auf dem einen sind die Namen jener Damen und Herren angeführt, die bereit wären, fünfhundert Gulden für eine Loge im ersten, zweiten oder dritten Rang zu bezahlen, oder eine bestimmte Summe für eine bestimmte Anzahl von Eintrittskarten. Auf dem anderen Papier sind die genauen Posten der Einnahmen und Ausgaben der Theaterkasse enthalten, die Da Ponte der Buchhaltung entnommen hat. Kaiser Joseph zählt die Summen überschlagsmäßig zusammen.

»Nun gut, geht zu Rosenberg und sagt ihm, dass ich die Erlaubnis erteile, das Theater wie von Ihnen angeführt zu nutzen.«

Da Ponte eilt zu Graf Orsini-Rosenberg, der entzückt ist. Doch sein Stellvertreter Thorwart träufelt wieder Essig in den

Wein. Rosenberg steht Da Ponte gegenüber und imitiert seinen Stellvertreter: »Das geht nicht. Da geht nichts.« Jetzt muss Lorenzo den Sack zumachen und den Fortbestand des Burgtheaters und damit auch seine Anstellung endgültig absichern. Er verlässt das Theater ohne ein Wort der Höflichkeit, geht forschen Schrittes über den Michaelerplatz an den Wachen vorbei durchs Michaelertor direkt zu den Arbeitsräumlichkeiten seiner Majestät. In der langen, meterhohen, kalten Wartehalle setzt er sich auf einen der vielen, an der Wand aufgereihten Sessel und plant, dort sitzen zu bleiben, bis er den Kaiser zu Gesicht bekommt. Er hat Glück. Nach einer halben Stunde verlässt Joseph der Zweite sein Arbeitszimmer, sieht Da Ponte eingenickt auf einem Stuhl lehnen, geht zu ihm, tippt ihm an die Schulter und sagt: »Guten Morgen, Da Ponte! Hat man sie zu Hause ausquartiert?«

Lorenzo springt erschrocken auf, verbeugt sich und sagt: »Majestät, ich bin untröstlich, bitte um Verzeihung, aber dieser Kerl, der möchte nicht …« »Wer bitte?«, unterbricht ihn der Kaiser. »Thorwart sagt, dass es nicht geht, und mittlerweile stößt Rosenberg in dasselbe Horn.«

»Gebt mir Euren Plan«, sagt der Kaiser ruhig. Lorenzo überreicht ihn, der Kaiser breitet ihn aus, legt ihn mit der linken Hand an der Wand auf, deutet seinem Diener, um eine Feder und beginnt auf das Blatt zu schreiben: »Graf, richtet Thorwart aus, dass ich kann und dass ich das Theater beibehalten werde, auf der Grundlage, die Da Ponte ausgearbeitet hat. Sein Gehalt soll verdoppelt werden. Joseph.«

Mit einem Grinsen im Gesicht übergibt er das Blatt Da Ponte, überreicht die Feder dem Diener und verabschiedet sich mit den Worten: »Bitte schön. Ich freue mich auf Ihre Karnevalsoper. Wer komponiert?«

Verblüfft stottert Da Ponte: »Mo- Mo- Mozart.«

»Ah, Mozart. Sehr schön. Leben Sie wohl, Da Ponte.«

Lorenzo eilt zu Rosenberg ins Burgtheater zurück, vorbei scheinen die Zeiten, in denen er dort keinen oder zu späten Einlass gewährt bekommt. Zielstrebig geht er an allen Schranken vorbei, direkt in das Büro des Direktors und übergibt ihm die Notiz des Kaisers. Der Graf strahlt übers ganze Gesicht und sagt: »Bravo, Bravo, Da Ponte.«

Die Neuigkeit spricht sich in Wien herum. Der *Rapport von Wien* schreibt: *Endlich ist die Angelegenheit mit der Oper entschieden! Wir haben das Vergnügen, allen Liebhabern des italienischen Theaters die erfreuliche Nachricht zu überbringen, dass dieser Komödientempel nicht entweiht wird.*

Die italienische Truppe spielt weiter im Burgtheater. Das Gehalt von Da Ponte ist gleich geblieben.

Kapitel 34

Stromabwärts geht es rascher. Die Mozarts sind nach einer langen Reise von Salzburg, über München und Passau, auf der Donau bis nach Wien gefahren. Am sechsten Oktober legt das Schiff endlich an der Schanzel an. Wolfgang ist ungeduldig. Sie mussten in Linz stehenbleiben, dann waren sie noch in einem Franziskanerkloster in Ybbs, aber jetzt ist er endlich in der Hauptstadt des Reichs angekommen, und angeblich wartet man hier schon auf den Sechsjährigen. Er wurde groß angekündigt, sein Vater hat Bilder und Empfehlungsschreiben vorab an alle wichtigen Personen gesandt. Hier muss Wolfgang nun Konzerte spielen und vielleicht sogar vor der Kaiserin Maria Theresia höchstpersönlich. Die Schlange vor dem Zollgebäude ist lang. Schiffe mit Waren aus der ganzen Welt, entweder stromabwärts aus dem Westen leicht den Fluss hinuntergesegelt oder mühsam von Menschen und Tieren aus dem Osten gegen den Strom heraufgezogen, müssen hier den Zoll passieren, bevor sie in die Kaiserstadt dürfen. Das gilt auch für Reisende und ihr Gepäck. Wolfgang hasst es zu warten. Er zappelt herum, sein Vater schilt ihn, seine Schwester ist wie immer mustergültig an der Hand der Frau Mama. Jetzt reicht es Wolfgang.

Er öffnet seinen Geigenkasten, holt seine Kindergeige hervor und beginnt, ein Menuett zu spielen. Der Zollwachebeamte hört die Musik, kommt aus seinem Häuschen hervor und stellt sich vor Wolfgang. Der läuft spielend rund um den Zöllner herum. Immer wieder dreht sich der Beamte dem kleinen Jungen nach, weil er so verzaubert von seiner Musik ist. Als er fertig ist, spendet ihm der Beamte Applaus und winkt Wolfgang, seine ganze Familie samt Gepäck, an der langen Warteschlange vorbei, in Richtung

Stadttor. Der Zöllner gibt an, unbedingt zu einem von Mozarts Konzerten kommen zu wollen. Wien empfängt das Wunderkind liebevoll, und schnell spricht sich seine Ankunft in den Kreisen der Wiener Gesellschaft herum. Von einer Theaterloge zur anderen wird über den Wunderknaben aus Salzburg getratscht. Die Mozarts leben in einer Absteige im ersten Stock des Hauses eines Kupferschmieds, der den ganzen Tag lang in seiner Werkstatt hämmert. Die Wohnung ist düster, feucht und – wie Leopold Mozart in einem Brief berichtet – *einen Schritt breit, aber tausend Schritte lang, sodass sich die ganze Familie gegenseitig permanent auf die Hühneraugen tritt.* Bereits drei Tage nach ihrer Ankunft spielt Wolfgang sein erstes Konzert im Palais von Thomas Vinciguerra. Im Publikum der gesamte Wiener Hochadel. Nachdem Wolfgang virtuoser auf Klavier und Geige spielt, als es je zuvor ein Mensch gehört hat, tritt sein Vater als Vermarktungskünstler seines Sohnes auf den Plan und führt ein Schauspiel vor, das er gerne an Höfen zeigt. Er verbindet seinem Sohn die Augen mit einem Tuch und lässt ihn blindspielen. Für Wolfgang ist es völlig belanglos, ob er beim Klavierspiel Noten oder Tasten sieht. Er spielt alles nach seinem Gehör. Auftritte wie diese bringen der Familie siebenundzwanzig Gulden. Das ist mehr als ein Monatslohn des Vaters als Lehrer der Domkapellknaben. Nahezu jeden Tag findet in Wien einer dieser Auftritte der beiden Wunderkinder statt, bestehend aus Wolfgang und seiner Schwester Nannerl, aber mit der Zeit nur noch auf ihn fokussiert. Am dritten Tage ihres Aufenthalts kommt mitten in der Nacht ein Bote des kaiserlichen Hofs in das Haus des Kupferschmieds und übergibt die Einladung, ein Konzert für Kaiserin Maria Theresia und ihren Mann Kaiser Franz I. Stephan auf Schloss Schönbrunn zu spielen. Leopold Mozart läuft im Kreis. Eine neue Garderobe für ihn und die Kinder muss hergeschafft werden. Ausführliche Anweisungen haben seine Kinder nun von ihm entgegenzunehmen, wie man sich verbeugt und am Hof richtig verhält.

Nannerl ist Musterschülerin und benimmt sich formvollendet. Wolfgang hingegen wird von seinen Emotionen übermannt und hat sichtlich alles vergessen, was ihm jemals gesagt wurde. Die Kaiserin lächelt ihn an, stellt ihm Fragen, applaudiert und ist verzückt von ihm. Ihn überkommen ähnliche Emotionen, er springt der Herrscherin auf den Schoß und küsst sie. Wolfgangs Leben als sechsjähriger Hauptverdiener der Familie ist anstrengend, manchmal braucht er einfach Zuneigung. Und sei es von einer Kaiserin. Wenige Minuten später, der Vater hat die Hände noch immer über dem Kopf zusammengeschlagen, wird aus dem Kind ein erwachsener Künstler. Fehlerfrei, konzentriert und mit unbeirrter Sicherheit, spielt er virtuos. Als Dank schenkt die Kaiserin Wolfgang und Nannerl jeweils ein Galakleid, das ihre Kinder einst getragen haben, und überreicht Vater Leopold vierhundertfünfzig Gulden, eine Summe, für die er in Salzburg acht Monate arbeiten müsste.

Noch am Abend erkrankt Wolfgang und muss für zwei Wochen das Bett hüten. Einladungen und Konzerte werden abgesagt. Leopold Mozart weiß, dass die Kindheit ein Ablaufdatum hat und ein Wunderkind nur ein Wunder ist, solange es noch ein Kind ist. Verärgert beziffert er den Verdienstentgang durch Wolfgangs Krankheit mit mindestens zweihundertfünfundzwanzig Gulden. Zudem haben die Wiener durch das abrupte Ende seiner gesellschaftlichen Präsenz das Interesse an ihm verloren. Er ist enttäuscht. Wieder einmal. Die Mozarts packen ihre Sachen und fahren zurück nach Salzburg. Dort wartet der französische Gesandte auf Leopold Mozart. Vielleicht ließe sich alsbald eine Tournee nach Paris organisieren?

Kapitel 35

»Ich kann immer Geld verdienen. Mehr und schneller als alle anderen!«, schreit Wolfgang Constanze an. Er hasst es, mit ihr über Geld diskutieren zu müssen. Sie bekommt dann immer so einen weinerlichen Blick, und er fühlt sich als Versager. Als wäre er nach wie vor das, wofür ihn sein Vater und dieser Schweinehund von Bischof Colloredo immer gehalten haben: ein dummer Bub. Kein echter Mann, der für seine Frau sorgen kann. »Als Komponist, als Künstler, als Musiker habe ich schon an einem Abend so viel Geld verdient wie andere in einem Jahr. Aber das funktioniert nun mal nicht immer.«

Sein Gesicht ist rot vor Zorn. »Aber vielleicht sollte man dann das, was man an einem so einen Abend verdient, auf zwölf Monate aufteilen, damit man immer etwas hat? Und alle zusätzlichen Einkünfte könnte man dann ja für Zusätzliches verwenden.«

Constanze versucht nicht vorwurfsvoll zu klingen. Das alles sei nicht so leicht, er brauche nun mal viel für Repräsentationszwecke. Man müsse immer mehr scheinen, als man ist. »Nur dann nehmen einen die Leute für bedeutsam und begegnen einem auf Augenhöhe.«

Ihre Diskussion wird unterbrochen. Jemand klopft an der Tür. »Pssst«, macht Wolfgang und hält seinen Zeigefinger vor die Lippen.

»Ich bin es leid, nicht öffnen zu können, aus Angst, ein Gläubiger stünde vor der Tür«, flüstert Constanze.

Mozart hört noch einmal genau auf den Takt des Klopfens. Zwei Mal kurz, einmal lang. Dann atmet er erleichtert auf, läuft zur Türe und sagt in Zimmerlautstärke: »Entwarnung. Das ist nur Da Ponte. Wir haben ein geheimes Klopfzeichen.«

Lorenzo stürmt in die Wohnung, dreht sich ohne ein Wort des Grußes zu Constanze und sagt: »Du hast vielleicht einen Vormund. Dieser Thorwart ist wirklich das Letzte.« Wolfgang ergänzt: »Wem sagst du das? Wegen ihm musste ich sie ja heiraten!«

In der Sekunde klatscht Constanzes Hand auf seinen Bauch. Er lacht und nimmt sie in den Arm. »Dass er dich an meine Seite geheftet hat, war das Beste, das der Mann in seinem ganzen Leben getan hat.«

»Hast du das Libretto gelesen?«, schießt es aus Da Ponte heraus.

»Libretto? Welches Libretto?« Da Pontes Augen weiten sich. »Ach, das, das es nicht wert ist, komponiert zu werden.« Mozart hat es nicht nur gelesen, er hat auch bereits zahlreiche Arien geschrieben und so manche Textpassagen verändert. Er deutet Lorenzo, Platz zu nehmen, setzt sich ans Klavier, drückt Stanzi den Text in die Hand und beginnt die ersten Teile seiner Komposition vorzuspielen, während seine Frau dazu singt. »Bravo, Mozart – du bist einfach der Einzige, der mich versteht und meine Gedanken zu Musik werden lassen kann.«

»Das Libretto passt sehr gut in unsere Geschichte. Im Figaro ging es um familiäre Beziehungen, in Don Giovanni um absolute Beziehungslosigkeit und jetzt, in Cosi fan tutte, widmen wir uns den Liebesbeziehungen, der Eifersucht, der Frivolität und der Immoralität«, er steht wieder vom Klavier auf, »endlich Immoralität!«.

Da Ponte hat den Satz »Ja, und die Frauen sind an allem schuld!« noch nicht fertig ausgesprochen, als Constanze schon einen Apfel in seine Richtung schießt. Er ignoriert die Attacke und setzt fort: » Männer wetten um die Standhaftigkeit und Treue ihrer Frauen. Liebenswert und witzig. Letztendlich bin ich aber immer auf der Seite der Frauen, weil ich ihrem Charme erliege, ihre Schönheit liebe und daher mein ganzes Leben lang ihr Opfer sein werde. Da fällt mir ein: Für die Rolle der Fiordiligi habe ich, aufgrund ihrer Wandlungsfähigkeit, an die Ferrarese gedacht. Könntest du etwas schreiben, das die enorme Spannweite ihrer Stimme berücksichtigt?«

Adriana Gabrieli, genannt *La Ferrarese*, weil sie aus Ferrara stammt, wurde im Alter von fünfzehn Jahren an das Conversatorio dei mendicanti in Venedig aufgenommen und ist dort sogar Charles Burney aufgefallen. Der große englische Organist schrieb damals über sie: *La Ferrarese hat einen außerordentlichen Umfang in der Stimme, singt sogar bis zum dreigestrichenen E hinauf und kann es lange, rein und natürlich halten.*

Dann sang sie in Mailand, in London und seit einiger Zeit ist sie in Wien, wo sie die Rolle der nach England zurückgekehrten Nancy Storace übernommen hat. Mozart fragt: »Hattest du nicht nach Nancy Storace beschlossen, ein für alle Mal die Finger von Sängerinnen und Theaterfrauen zu lassen?«

»Das ist ja mein Pech«, antwortet Da Ponte, »noch dazu ist sie – bis auf zwei hinreißende Augen und einen reizenden Mund – überhaupt nicht hübsch. Aber ihre Stimme versetzt mich in Entzücken, und sie hat eine große Zuneigung für mich, also musste ich mich in sie verlieben. Nur leider hat auch sie, wie schon so manche Frauen vor ihr, die Neigung zu einem aufbrausenden, wilden, zur Eifersucht neigenden Charakter, dabei nehme ich doch sowieso überall Partei für sie und versuche sie, so gut es geht, zu unterstützen. Also kannst du bitte die Rolle der Fiordiligi für sie schreiben?«

Wolfgang setzt einen ernsten Blick auf und spricht im Ton eines besorgten Priesters: »Signor Abbate, La Ferrarese hat dein Libretto für Salieris *Il pastor fido* gesungen. Das Publikum war nicht begeistert, Antonio Bam – Bam«, er imitiert das Läuten von Kirchenglocken, »Salieri schob es auf dich, jetzt singt die Ferrarese die Susanna in unserem Figaro, und ich musste für sie ein zusätzliches Rondo und eine zusätzliche Arie komponieren. Bis heute wurde die Oper dreizehn Mal aufgeführt, in Abwechslung mit fünf anderen Opern, für die auch alle du das Libretto geschrieben hast und in denen – welch Überraschung – jedes Mal *La Ferrarese* eine Titelrolle singt. Ich denke, um ganz ehrlich zu sein, dass du schon heute nicht nur Freunde in der Oper, der Opernleitung und am Hofe hast, der Neid der anderen dich einholen wird und es von Vorteil wäre, wenn *Così fan tutte* ohne Ferrarese-Festspiele auskäme.«

Da Ponte wird blass, schüttelt den Kopf und sagt: »Das ist völlig unmöglich. Wenn eine andere die Rolle singt, wird sie mich umbringen.«

Constanze legt ihm den Arm um die Schulter und lächelt: »Such's dir aus, Lorenzo. Entweder sie oder alle anderen.«

Kapitel 36

In Mannheim waren die Weberischen nicht mehr. Der nette Nachbar, der vor der ehemaligen Kopierstube des Fridolin Weber die Straße fegt, begrüßt ihn und fragt, wo er denn seine Mutter gelassen habe. Mozart erzählt, dass sie vor wenigen Wochen in Paris verstorben sei und stellt die Gegenfrage, wo er denn die Webers gelassen habe?

»Sie leben in München in der Prinzregentenstraße, Aloisia wurde zur Hofsängerin und verdient tausend Gulden pro Jahr und ihr Vater als Bassist und Souffleur zusätzlich sechshundert. Sie können wie Könige leben.« Der Hausmeister schwingt seinen Besen über die Pflastersteine. In Gedanken schweift er ab und stellt sich die Frage, was er mit so viel Geld machen würde, wo er hinreisen würde, wie er dann leben könnte.

Wolfgang rechnet kurz nach. Die Stelle, die er jetzt in Salzburg antreten soll, die ihm sein Vater mit täglichen Drohbriefen schmackhaft macht, ist mit einem Gehalt von nur vierhundertfünfzig Gulden im Jahr dotiert. Aloisia dürfte mehr als das Doppelte von ihm verdienen. Er wusste es immer schon. Sie ist ein Ausnahmetalent. Hätte sein Vater ihm erlaubt, mit den Weberischen nach Italien zu reisen, Mutter wäre zurück nach Salzburg gefahren, würde heute vielleicht noch leben und Aloisia und er wären das neue Traumpaar Italiens. Wolfgang bedankt sich herzlich, besteigt die Kutsche, diesmal, um in wenigen Tagen bei Familie Weber in München anzukommen. Dort ist in der Zwischenzeit nicht nur die Temperatur auf den Straßen und Plätzen gefallen. Der Herzlichkeit, mit der die Familie Weber Wolfgang noch vor ein paar Monaten begegnet war, ist Reserviertheit gewichen.

Selbstverständlich laden sie ihn ein, in ihrem Hause zu nächtigen, aber tagsüber hat kein Familienmitglied mehr Zeit für ihn. Er besucht regelmäßig seinen Freund, den Flötisten Johann Baptist Becke, in dessen Zimmer er Stunden über Stunden sitzt und weint. Becke vermutet den Grund im Ableben seiner Mutter und dem Druck, dem ihn der Vater aussetzt. Die wahre Ursache für das gebrochene Herz aber verschweigt ihm Wolfgang: Er weiß, dass er Aloisia verloren hat. Ihm bleibt nichts übrig, als die Heimreise in die Sklaverei des Vaters und des Erzbischofs anzutreten. Er wird sich Litaneien an Vorwürfen anhören müssen, Blicke der Enttäuschung, Seufzer des Unglücks, und an allem wird nur er schuld sein. Die arme Mutter verstorben, viel zu viel Geld ausgegeben, keine feste Anstellung erhalten und viel zu spät zurückgekehrt zum Dienst bei Fürsterzbischof Colloredo, den Wolfgang stets Mufti nennt, so wie der Rechtsgelehrte des Islam heißt, der die *fatwa* erteilt, gegen die es bekanntlich keine Einspruchsmöglichkeiten gibt. Einspruch duldet der Erzbischof auch keinen.

Zwei Tage nach Wolfgangs Ankunft in Salzburg erreicht Colloredo das Gesuch Wolfgang Amadé Mozarts, die Stelle des Hoforganisten antreten zu dürfen. Die vierhundertfünfzig Gulden werden in zwölf monatlichen Raten ausbezahlt. Jetzt komponiert er für seinen Dienstherren Kirchensonaten, Vespern und Messen. Opern oder Operetten mag Colloredo nicht. Trotzdem hat er dem Bau des Salzburger Theaters, das direkt vis-á-vis des Mozart Wohnhauses steht, zugestimmt. Es bietet fast nur gesprochene Stücke, hin und wieder mit ein paar Gesangseinlagen, einige wenige Ballette oder Singspiele. Wolfgang komponiert und schreibt auch ohne Auftrag des Bischofs: Opern, Sinfonien, Ouvertüren. Fast jeden Abend geht er ins Theater, in seinem Kopf entstehen die schönsten Melodien, er stellt sich vor, wie es wäre, wenn ein Orchester seine Noten spielen und auf der Bühne dazu gesungen würde. Er stünde am Dirigentenpult, wie er es einst schon als junger Bub in Italien erleben durfte. Wolfgang komponiert eine neue Oper. Zaide, die Sklavin eines türkischen Sultans, verliebt sich in einen anderen Sklaven. Er bringt sie nicht zu Ende. Sie hat aber ein Thema, das Wolfgang in Salzburg bestens vertraut ist.

»Dieser Mufti hält mich hier als Sklave. Aber ich bin kein verdammtes Pfaffenschnitzel, auf dem er den ganzen Tag herumkauen kann. Salzburg ist der Kerker meines Lebens. Eingesperrt zwischen Mönchsberg, Gaisberg und Kapuzinerberg. Kein Wunder, dass der Horizont der Menschen in diesem Mufti-Nest nicht über die drei Hügel hinaussteigen kann.«

Mozart sitzt mit seinem Vater und seiner Schwester bei Tisch. Ihr Haus ist zwar repräsentativ und herrschaftlich, alle möglichen Menschen kommen und gehen, aber innen ist es immer feucht und kalt, selbst wenn draußen schon die Frühlingssonne scheint und alles erblühen lässt.

Am Abend zieht Wolfgang das Tagebuch seiner Schwester unter ihrem Bett hervor und schreibt – in ihrer Handschrift – hinein:

Mein bescheidenes Ich zu bescheißen, einen Arsch, eine Pause,

wieder einen Arsch und schließlich eine Nase, in der Kirche, wegen des Pfeifens im Arsch zu Hause zu bleiben, keine schlechte Melodie für mich in meinem Arsch zu pfeifen.

Am Nachmittag kam Katherine vorbei und auch Mr. Fox-tail, den ich später in den Arsch leckte. O köstlicher Arsch!

Am Sonntag tritt Wolfgang in der Kirche auf, für die großen christlichen Feste darf er einmal jährlich Kirchenmusik komponieren, und sonst passiert immer das Gleiche: Spazierengehen im Mirabellgarten, Tarock spielen und Bölzlschießen, am besten mit Windbüchsen auf Gesicht oder Gesäß von Fürst Erzbischof Colloredo, die von Wolfgang persönlich gezeichnet, auf die

Zielscheibe genagelt wurden. In den wenigen Wochen des Jahres, in denen der Salzburger »Schnürlregen« eine Pause einlegt und die Sonne über das Grün der Wiesen und Blau der Seen glitzert, erscheint Abwechslung in Wolfgangs Leben. Ein neuer Direktor ist mit seiner Truppe am Hoftheater angetreten, und Mozart freundet sich sofort mit ihm an. Er ist nur fünf Jahre älter als Wolfgang, Schauspieler, Theatermacher und inszeniert nicht nur seine Darsteller, sondern auch sich selbst perfekt. Gutaussehend, erfolgreich, lustig und begehrt bei den Frauen. Emanuel Schikaneder und Wolfgang Amadé Mozart verstehen sich vom ersten Moment an. Es wirkt, als würde Wolfgang durch ihn zu neuem Leben erwachen, er strotzt vor Kraft, Ideen und Ambitionen und bekommt aus heiterem Himmel auch plötzlich die Möglichkeit, eine Oper zu schreiben. Natürlich nicht von Opernhasser Colloredo, *denn der will mich nur an seine Leine nehmen und mir die Befehle Sitz! und Platz! erteilen*, hält Wolfgang fest, sondern vom Intendanten der Münchner Oper, Graf Seeau von Kurfürst Carl Theodor.

Mozart täuscht Bewunderung vor, gibt sich angepasst und unterwürfig. Ziel ist, dass ihm der Kurfürst einen unbezahlten Urlaub genehmigt, damit er seine Oper *Idomeneo* in München aufführen kann. Nach langem Betteln stimmt Colloredo zu. Wahrscheinlich nur, damit er ihn in Ruhe lässt.

Einige Wochen vor Weihnachten wird Wolfgang von seinem neuen Freund Emanuel zur Postkutsche nach München begleitet.

»Wir werden uns wiedersehen! Ich denke, vielleicht nicht hier, aber sicher woanders. Und: Wir haben eine große Zukunft gemeinsam«, sagt Schikaneder zum Abschied, umarmt ihn und winkt, bis er die Kutsche aus den Augen verliert.

Kapitel 37

»Ich muss mit dir reden. Können wir noch auf ein Glas Wein gehen?«, fragt Emanuel Schikaneder Mozart, als sie aus dem Logenhaus hinaus in die Sterngasse kommen. Die letzten zwei Stunden haben sich die Freimaurerbrüder mit Forschungen zum Altertum beschäftigt, um daraus für eine Umgestaltung des politischen, religiösen und gesellschaftlichen Lebens zu lernen. Während die beiden über den Hohen Markt und die Rotenturmstraße in Richtung Stephansplatz schlendern, erzählt Schikaneder von seinem Freihaustheater, auch Theater an der Wieden genannt: »Wolfgang, du musst bitte eine deutsche Oper, ein Singspiel für mein Haus komponieren. Wir haben keinen Rosenberg, Reichenau oder Thorwart da, auch keinen Kaiser, der sich einmischt. Wir haben die höchstentwickelte Bühnentechnik mit Maschinen und Spezialeffekten, und ich habe ein wunderbares Libretto geschrieben. Das kann die meistgespielte Oper aller Zeiten werden!« Mozart ist sich nicht sicher. Eine Oper für eine Vorstadtbühne zu komponieren, könnte doch gesellschaftlich als Abstieg gewertet werden. »Wo ist denn diese *Wieden* überhaupt?«, fragt er. Schikaneder lacht: »Sei nicht so arrogant! Du weißt, wir spielen jeden Abend vor einem vollen Haus.«

Beide haben in einer Weinschenke hinter dem Stephansdom Platz genommen und sitzen bei gefüllten Gläsern an einem Tisch. Die Gäste tuscheln und haben Wolfgang erkannt. Wahrscheinlich mokieren sie sich wieder über seine teure Garderobe, wissend, dass er einer der größten Schuldner der Stadt ist. Wolfgang steht auf, dreht sich mit dem Rücken zum Lokal und sagt so laut, dass es selbst der letzte Gast am hintersten Tisch verstehen kann: »Wer hinter meinem Rücken spricht, spricht mit meinem

Arsch.« Dann setzt er sich vis-á-vis von Schikaneder auf einen Sessel, und fragt: »Worum geht es in deinem Libretto, Emanuel?«

»Es wird eine mystische Oper, bei der das Publikum mit einbezogen wird. Ein ganzes Bündel von Rätseln wird aufgegeben, Prüfungen müssen für die Einweihung in die Mysterien bestanden werden, es geht um Verschwiegenheit, Standhaftigkeit und Mut. Für Eingeweihte wird es eine Oper über die Freimaurerei, für alle anderen eine lustige Geschichte« – jetzt beginnt sich Wolfgang zu interessieren, während der Theaterdirektor fortfährt: »Rituale und Symbolik, Freiheit und Brüderlichkeit. Wir müssen unsere Botschaft in die Welt hinaustragen, sodass sie auch im profanen Leben ankommt. Wir laden die Zuschauer auf subtile und intensive Art und Weise ein, Teil unseres Rituals zu werden.«

»Aber die Zuschauer selbst haben davon keine Ahnung?«, fragt Mozart.

»Der Grundgedanke der Handlung ist die Einweihung in das Ritual der Isis-Mysterien. Alles spielt in Ägypten, aber in Wirklichkeit sind wir in den Tempeln unserer Logen. Wir erzählen eine märchenhafte Geschichte, zeigen spektakuläre Bühnenverwandlungen und verzaubern das Publikum.«

Schikaneder scheint genau zu wissen, worauf Mozart anspringt. »Was hast du schon geschrieben?«, fragt er.

Emanuel Schikaneder nimmt seine Tasche auf den Schoß und holt einen Stoß Papiere heraus. »Das«, sagt er.

Wolfgang schüttelt den Kopf, nimmt den Text und bittet den Theaterdirektor am nächsten Tag um drei Uhr nachmittags zu ihm in die Wohnung. Bis dahin wird er es gelesen haben. Den Wein bezahlt Schikaneder, vor der Tür verabschieden sich die beiden und gehen in unterschiedliche Richtungen über das kaum beleuchtete Kopfsteinpflaster, das der Regen in eine spiegelnde Steinwabe verwandelt hat, nach Hause.

Constanze begrüßt ihn mit den Worten: »Jemand war da!« Mozart legt seinen Mantel ab, sieht in der Dunkelheit des Raumes zu Boden und sagt nichts. Langsam geht er an seiner Frau vorbei in das Zimmer, setzt sich an den Tisch, schaut auf und fragt: »Wer?« Constanze steht vor ihm: »Ich weiß es nicht, er war ganz schwarz gekleidet und hat seinen Namen nicht gesagt.«

»Wollte er Geld?«

»Im Gegenteil«, antwortet Constanze, zieht einen Beutel mit Münzen hervor und sagt: »Er hat Geld hiergelassen. Eine Anzahlung, meinte er.«

Mozart springt auf, öffnet den Beutel und beginnt zu zählen: »Eine Anzahlung? Wofür? Ein Auftrag?«

»Er möchte dich für ein Requiem beauftragen.« Wolfgang legt den Beutel auf den Tisch und setzt sich wieder. »Ein Requiem. Eine Totenmesse«, er atmet tief ein. »Wer war der Mann? Wie sah er aus?«

Constanze setzt sich zu ihm: »Ich habe ihn ganz sicher noch nie gesehen. Auch seine Stimme erkannte ich nicht. Er hatte eine Maske auf und war mit einem schwarzen Umhang und schwarzer Kapuze bekleidet. Unheimlich.«

Mozart sagt: »Der Tod.«

In der darauffolgenden Nacht wälzt sich Wolfgang von einer Seite des Bettes auf die andere. Die Figur im schwarzen Umhang verfolgt ihn. Schließt er die Augen, hat er sie vor sich. Sie spricht mit der Stimme seines Vaters, Worte der Vorwürfe, der Drohung, der Enttäuschung. Erst als es draußen dämmert und die Dunkelheit in das zarte Grau dieses feuchten Morgens übergeht, fallen ihm die Augen zu. Wenige Stunden später springt er aus dem Bett, zählt nochmals die – von dem Fremden hinterlassenen – Münzen und kündigt Constanze an, dass sie ihre Kur fortsetzen und zurück nach Baden fahren könne. Er setzt sich gut gelaunt an seinen Tisch und stellt eine Melodie für eine Orgelwalze fertig.

Er hasst es, für diese neue Art von Musikautomaten, die in Uhren versteckt sind, zu komponieren. Gegen Eintrittsgeld können Menschen Musik hören, ohne dabei Musiker zu sehen. Ein Gedanke, der ihm völlig fremd ist. Heute morgen geht Mozart sogar diese Komposition leicht von der Hand. Der Besuch des dunklen Herrn und die Gedanken der letzten Nacht hat er weggelegt, den Beutel mit Münzen, der ihn daran erinnern könnte, nicht. Ihn nimmt er als Geschenk des Himmels, das ihn wieder aus einer finanziellen Notsituation hilft. Wolfgang hat die Komposition vollendet und liest das Libretto Schikaneders, als Constanze ihn von hinten umarmt. Er dreht sich um und sagt: »Ich führe dich heute Abend aus, Schablapumfa! Wir sehen die Vorstadt an und gehen ins Theater an der Wieden.«

Schikaneder hat sie in eine Loge für vier Personen im ersten Rang eingeladen. Auf den beiden vorderen Stühlen sitzen Mozart und Constanze, der Direktor zwischen den beiden auf einem Sessel dahinter. Links und rechts der Bühne zwei lebensgroße Figuren, ein Ritter mit einem Dolch und eine Dame mit einer Larve. Der Zuschauerraum ist zum Bersten voll. Einfache Menschen und edle Damen, vornehme Herren und Stubenmädchen amüsieren sich bei der Aufführung der Oper *Der Stein der Weisen* aus der Feder von Schikaneder, der Mozart immer wieder auf die Schulter klopft und ihn fragt, ob er denn schon endlich sein neues Libretto gelesen habe. Wolfgang hält sich den Zeigefinger vor den Mund und flüstert: »Im Theater muss man leise sein. Nicht sprechen.«

Ungeduldig lehnt sich Schikaneder zurück, verschränkt seine Arme und verdreht die Augen. Ein Singspiel von Mozart würde seiner Bühne den entscheidenden Vorteil im Kampf gegen seinen Hauptkonkurrenten Karl von Marinelli, den Direktor des Leopoldstädter Theaters, verschaffen. Die ganze Stadt würde davon sprechen, dass der berühmte Mozart eine Oper für sein

Haus komponiert habe. Allein zu sehen, wie das Publikum heute immer wieder in ihre Loge hinauflugt, flüstert und Wolfgang zu erkennen scheint, ist ein Genuss für ihn. In der Pause beschwert sich Schikaneder, dass Mozart zu dem vereinbarten Treffen am Nachmittag nicht gekommen ist. Deswegen will er jetzt endlich wissen, was er über sein Singspiel denke. »Ich denke, ich denke ...«, gibt sich Wolfgang nachdenklich, »dass ich mir zuerst mal diese Aufführung fertig ansehen möchte. Dann werde ich meine schöne Frau befragen und beobachten, wie denn das Publikum reagiert. Danach gebe ich dir Antwort.«

Er hat Freude daran, Schikaneder auf die Folter zu spannen.

Als der Vorhang fällt und das Publikum in Jubel ausbricht, sitzt Mozart starr mit verschränkten Armen auf seinem Platz. Schikaneder sieht ihn an. Dann stößt Wolfgang Constanze leicht mit dem Ellenbogen an. Ihre Blicke treffen sich. Er deutet ihr mit den Augen, auf seine Hand hinunterzusehen. Er zeigt drei Finger. Daumen, Zeigefinger und Mittelfinger. Dann nur noch zwei. Einen. In der Sekunde springen Constanze und Wolfgang Amadé Mozart von ihren Sesseln und steigen in den tosenden Applaus des Publikums ein.

»Bravo!«, ruft Mozart aus tiefster Seele. Dann dreht er sich zu Schikaneder um, umarmt ihn und sagt: »Ich tue nichts ohne die Zustimmung meiner Frau. Tut mir sehr leid. Alle weiteren Gespräche bitte mit ihr.«

Constanze lacht. »Ich hoffe, der Herr Schikaneder hat brav gespart, denn Kapellmeister Mozart ist nicht billig. Ich denke, wir werden uns aber schon einig werden.«

Kapitel 38

Mozart sitzt an dem kleinen Holztisch in seiner Münchner Absteige. Es ist schon fast Mittag, trotzdem ist er erst vor Kurzem aufgestanden. Die Premiere seiner Oper *Idomeneo* lief gut. Die Musik war neu, sie war anders. Manche im Publikum haben möglicherweise nicht alles verstanden, aber die Künstler haben ihm Respekt gezollt. Ob Kurfürst Carl Theodor – sein Auftraggeber – ihm eine Anstellung am Hof anbieten wird? Wahrscheinlich nicht. Mozart weiß, tief drinnen, dass es richtig, ja unumgänglich war, die ewigen Ratschläge des Vaters nicht mehr zu befolgen, nicht das zu tun, was alle anderen vor ihm getan haben, sondern radikal mit Traditionen und Hörgewohnheiten zu brechen. Nur weil Opern bisher immer auf eine Art und Weise komponiert wurden, heißt das nicht, dass jeder andere Weg falsch ist. Auf der Straße vor dem Fenster klappern die Hufe der Pferde, Wolfgang nimmt die Zeitung zur Hand. Die *Münchner Staatsgelehrte und vermischten Nachrichten* berichten von der Idomeneo-Uraufführung und nennen dabei nur einen einzigen Namen. Nämlich den, des Bühnenbildners der Münchner Hofoper. Zu Komposition und Text steht nur: *Geburten von Salzburg.*

»Diese arroganten Deutschen!«, schimpft er und schmeißt das Blatt in die Ecke. Ein paar Tage später erreicht ihn das nächste Ärgernis. Fürsterzbischof von Colloredo, der Mufti aus Salzburg, beordert ihn nun umgehend nach Wien: »ohne jegliche Verzögerung« wird abschließend festgehalten. Eigentlich wollte Wolfgang noch sein Bäsle, seine Jugendliebe aus Augsburg, besuchen, jetzt bleibt ihm nichts, als ihr zu schreiben:

Ja, mein liebes Violoncellchen, so geht und steht es auf der Welt, einer hat den Beutel und der andere hat das Geld. Wer beides nicht hat, hat nichts. Nichts ist so viel, wie sehr wenig und wenig ist nicht viel. Folglich ist nichts immer weniger als wenig und wenig immer mehr als nicht viel und viel immer mehr als wenig. Dein untertänigster, gehorsamster Diener. Mein Arsch ist kein Wiener.

Der Empfang in Wien war kein freundlicher. Nach einer endlosen Kutschenfahrt muss Mozart sofort für den kranken Vater des Erzbischofs Klavier spielen, bereits am nächsten Tag gilt es ein Privatkonzert für den Fürsten von Golizyn zu spielen. Am Vormittag spricht Mozart bei Karl Joseph Graf von Arco, dem Kammerherr Colloredos, vor: »Warum wohnen alle anderen Musiker außerhalb, aber ich werde hier im Haus des Deutschen Ritterordens in einer kleinen Dachkammer einquartiert?«

Arco atmet tief ein, lehnt sich in seinem Sessel zurück: »Wolfgang, wir kennen einander so lange. Mein Vater zählt in Salzburg seit Anbeginn zu deinen größten Unterstützern und ist mit deinem Vater befreundet. Du weißt, ich habe das nicht zu entscheiden. Es war der ausdrückliche Wunsch des Erzbischofs, dich in seiner Nähe zu wissen.«

»Aha. Ich nehme aber nicht an, dass der Sklaventreiber menschliche Züge in sich entdeckt hat. Wenn es um Nähe zu mir geht, warum muss ich dann beim Essen an einem Tisch mit den Köchen und Dienern sitzen und nicht bei ihm und dir?«

Graf Arco verliert seine Ruhe: »Du musst dich endlich einmal fügen. Du bekommst Urlaub und überziehst ihn um Monate. Du machst ausschließlich, was du möchtest, und hältst dich an gar keine Regeln. Ab jetzt musst du das tun, was der Fürsterzbischof sagt. Heute Abend dirigierst du das Konzert, du kommst in Livree und bist pünktlich. Keine eigenmächtigen Aktionen. Keine anderen Konzerte. Du bist hier für den Fürsterzbischof und musst ihm als sein Musiker dienen.«

Mozart steht auf und lächelt ihn an: »Zu Befehl, Herr Offizier außer Dienst und Chef des Hofstaats von Fürsterzbischof

Colloredo.« Er steht kerzengerade, streckt den Zeigefinger der rechten Hand und legt den Daumen an. Handrücken und Unterarm bilden eine Gerade. Er führt die Hand zur rechten Schläfe, salutiert, dreht sich um und verlässt im Stechschritt den Raum.

Die Wiener Gesellschaft hat sich herausgeputzt. Feinste Kleider, beeindruckende Uniformen, aufwendige Perücken. Champagner und kleine Happen werden serviert. Alles scheint bereit für das Konzert beim Fürsten. Fürsterzbischof Colloredo stolziert in seinem roten Bischofskleid, benäht mit goldenen Knöpfen, ein überdimensionales Kreuz aus purem Gold, besetzt mit Edelsteinen, ziert seine Brust. Er nickt seinen Gästen zu, die langsam ihre Plätze einnehmen. Alle Musiker, die im Dienste Colloredos stehen, sitzen, die Instrumente in Händen, bereit auf ihren Plätzen.

Alle, bis auf einen. Der Erzbischof nimmt in der Mitte der ersten Reihe Platz. Ein Raunen geht durch den Raum, jeder scheint sich zu fragen, wo Kapellmeister Mozart, der Dirigent des Konzertes, ist. In diesem Moment öffnet sich die hintere Tür des Saals schwungvoll und Wolfgang betritt den Konzertraum. Er trägt keine Livree, sondern einen Rock in den buntesten Farben. Der ganze Saal, inklusive Colloredo, dreht sich um, während Mozart mit einem breiten Grinsen im Gesicht nach vorne schreitet.

In der Mitte des Saals erkennt er eine Gräfin, für die er schon einmal in Wien gespielt hatte, bleibt stehen und küsst ihr die Hände. »Herr Mozart, ich veranstalte ein Wohltätigkeitskonzert, würden Sie sich bereit erklären, aufzutreten?«, flüstert sie ihm zu. »Selbstverständlich, Comtesse. Was auch immer Sie möchten, ich stehe zu Diensten.«

Die gesamte Gesellschaft beobachtet ihn und wartet, bis er zu seinem Dirigentenplatz geht. Graf Arco steht am Rande des Saals, seufzt und verdreht die Augen. Mozart steht vor den Musikern, jeder ist bereit für seinen Einsatz. Da wendet sich Wolfgang noch einmal zu Fürsterzbischof Colloredo um, der ungeduldig in der ersten Reihe sitzt, zu und sagt: »So werden die Letzten die Ersten sein und die Ersten die Letzten. Matthäus 19,30.« Er hebt die Hände ruckartig an, um sie kurz darauf mit dem Erklingen der Töne fallen zu lassen.

Alles schart sich nach dem Konzert um Mozart, der mehr im Mittelpunkt steht als der Gastgeber. Gräfin Wilhelmine von Thun mit ihren drei Töchtern, von denen eine schöner als die andere ist, lässt Wolfgang nicht aus: »Besuchen Sie uns doch morgen in unserem Salon, Herr Kapellmeister«. Mozart fragt sich, welche der drei Mädchen er am schönsten findet. »Morgen und alle Tage, Gräfin. Wann immer ihr es wünscht, stehe ich zu Diensten.«

Arco unterbricht das Gespräch und weist Mozart an, er habe sich morgen in der Früh in seinem Vorzimmer einzufinden, um dort auf Colloredos Anweisungen für den Tag zu warten.

Am nächsten Morgen bricht Mozart auf, um sich seine Perücke pudern zu lassen. Frische Haare und guter Duft sind wichtig, wenn er in den Salon der Gräfin mit den schönen Töchtern auf Besuch kommt. Er hat kein Interesse im Vorzimmer des Fürsterzbischofs auf Anweisungen zu warten. Gräfin von Thun erzählt, sie gäbe einen Empfang für den neuen Kaiser, und da er dafür bekannt sei, sehr musikalisch zu sein und es liebe, Fugen zu hören, bitte sie Mozart, diese für seine Majestät aufzuführen. Das ist die Chance, auf die er gewartet hatte. Wolfgang reibt sich die Hände.

Wenn es ihm gelingt Kaiser Joseph II. für sich zu gewinnen, könnte sich das Blatt wenden. Er könnte eine Stelle am Hof bekommen und für das ganze Kaiserreich komponieren und musizieren. Einzig der Fürsterzbischof könnte ihm die Suppe versalzen. Mozart schreibt seinem Vater, dass man ihn in Wien mehr schätze als Colloredo. Jeder halte Colloredo für einen eingebildeten Pfaffen: *Er ist ein einziges Hindernis. Er ist ein Menschenfeind. Er will nicht, dass seine Leut' Profit haben, sondern Schaden.*

180

Es kommt, wie erwartet. Der Auftritt beim Kaiser wird Mozart verboten, er habe an jenem Tag für den Erzbischof zu spielen. Widersetze er sich, würde ihn der Erzbischof verhaften lassen. Wolfgang gibt klein bei. Bei seinem ersten Auftritt vor dem Kaiser abgeführt zu werden, ist kein guter Einstand. Er ist wütend und sagt Graf Arco wortwörtlich: »Wegen der Scheißmusik von Colloredo habe ich meinen Auftritt vor dem Kaiser verpasst.«

Er zuckt nur mit den Schultern. »Wir reisen noch heute ab. Du musst morgen dein Quartier räumen, am Vormittag bringt ein Bote noch ein Paket für den Erzbischof, das packst du ein und nimmst die Postkutsche zu Mittag. Der Fürsterzbischof erwartet dich umgehend mit seiner Sendung in Salzburg.«

Es ist der erste Mai. Die Sonne scheint in Wien. Mozart hat das Paket für den Fürsterzbischof entgegengenommen und steht mit seinem Koffer vor dem Haus des deutschen Ritterordens. Der Hofstaat des Erzbischofs ist gestern abgereist. Er schließt die Augen, dreht sein Gesicht in die Frühlingssonne. Er denkt an Salzburg, daran, für den Fürsterzbischof Kirchenmusik zu schreiben, an den Regen, an seinen Vater und dessen Vorhaltungen. Mozart nimmt seinen Koffer in die eine, das Paket in die andere Hand und geht. Aber nicht in Richtung der Postkutsche. Sein Ziel ist der Petersplatz, das Haus *Zum Auge Gottes*, wo seine alten Bekannten aus Mannheim, die Familie Weber heute lebt und Zimmer vermietet.

Erst neun Tage später kommt Wolfgang in Salzburg mit dem Paket beim Fürsterzbischof an. »Exzellenz, es tut mir unaufhörlich leid, aber in der Postkutsche war kein Platz mehr für mich.«

Colloredo ist außer sich. »Er ist ein Bursche. Ein Fechs. Er vernachlässigt seine Pflichten! Er ist ein liederlicher Hund. Wir möchten mit ihm nichts mehr zu tun haben!«, brüllt der Erzbischof, dass die Glasscheiben zittern.

Es ist der Augenblick, in dem in Mozart die Metamorphose vom Kind zum Manne stattfindet. Sein gesenkter Blick hebt sich.

»Und ich will mit euch auch nichts mehr zu tun haben. Ich freue mich, Ihnen in den nächsten Tagen mein Kündigungsschreiben zu überbringen.«

Kapitel 39

Die sechzehnjährige Tochter seiner Vermieterin hat ihm wieder einen Teller mit Keksen und Tee auf den Tisch gestellt. Da Ponte hebt seinen Kopf aus der gebückten Haltung des Schreibenden und nutzt die Unterbrechung, um seinen Rücken durchzustrecken und ein Hohlkreuz zu machen. Stundenlanges Schreiben verhärtet seinen Nacken. Er lässt seinen Kopf langsam kreisen, die Knochen knacken. Das Mädchen hat das Zeichen richtig gedeutet, stellt das Tablett zur Seite, stellt sich hinter ihn. Sie legt beide Hände auf seine Schulterblätter, lässt ihre zarten Finger kreisen und massiert ihm den Nacken. Da Ponte schließt die Augen. Sein Kopf fällt nach vorne. Er stöhnt.

Es muss schon mindestens zehn Uhr nachts sein, da klopft es an der Tür. Das Mädchen geht zwei Schritte nach hinten. »Wer kann denn das sein?«, murrt Da Ponte, steht langsam auf, geht ins Vorzimmer und öffnet die Tür. »Ja, bitte?«

Zwei Gestalten stehen in der Dunkelheit vor ihm. Erst nach ein paar Sekunden erkennt er, dass sie Uniformen des Kaisers tragen. »Ihre Majestät, der Kaiser wünscht Euch zu sehen«, sagt der Kleinere der beiden. Da Ponte hat eine Vorahnung, dreht sich wortlos um, schlüpft in seinen Mantel und verlässt in Begleitung der beiden Herren die Wohnung. In der Kutsche schöpft der Librettist Hoffnung und fragt sie, ob sie wüssten, worum es sich denn handle. »Wir sind nicht befugt, mit Ihnen darüber zu sprechen.«

Da Ponte wird zu den Privatgemächern Kaiser Josephs dem Zweiten geführt. Im Vorraum seines Schlafzimmers warten einige Herren, alle eint, dass sie seiner Majestät treu ergeben sind. Sie grüßen Lorenzo durch kollektives Nicken, er nimmt auf einem der Stühle Platz. Es wird kein Wort gesprochen. Der Kammerdiener verschwindet in den nächsten Raum. Vier Fenster sind durch schwere Vorhänge verdunkelt, der Kaiser liegt in der Mitte seines Bettes. An seiner Seite sitzt Doktor Quirini. Der Diener verbeugt sich, geht auf Zehenspitzen zum Bett und flüstert dem Kaiser ins Ohr: »Da Ponte ist hier.« Mit einer langsamen Handbewegung deutet er ihm, er solle ihn einlassen. Der Kammerdiener öffnet die Tür und Lorenzo Da Ponte betritt mit einer Verbeugung den Raum. »Majestät, mein erlauchter Souverän und Beschützer!« Tiefe dunkle Ringe umranden des Kaisers Augen; die Haut schneeweiß und fast transparent.

»Da Ponte«, sagt Joseph der Zweite langsam, »ihr habt mir Freude und Lachen beschert. Dafür möchte ich danken. Meine Zeit geht zu Ende.«

Da Pontes Augen füllen sich mit Tränen: »Aber nein, Majestät. Ihr könnt wieder gesund werden. Ich bin der festen Überzeugung. Das Reich braucht euch.«

Seine Stimme ist noch leiser: »Dr. Quirini ist der vierte Arzt, der heute bei mir ist, und er bleibt hier, er hat mir die Wahrheit gesagt.« Da Ponte sieht zum Doktor, der die Augen schließt und nickt. Tränen fließen über Lorenzos Wangen. »Ich werde Euer Andenken stets hochhalten, egal ob es mir zu Nutze ist oder zum Schaden. Ihr seid der weiseste, großherzigste Monarch, den diese Welt je gesehen hat.« Joseph der Zweite legt seine Hand auf die Da Pontes, dann verbeugt sich Lorenzo ein letztes Mal.

Draußen nimmt Da Ponte neben den anderen Herren Platz und wartet. Der Kaiser lässt seinen Adjutanten rufen und weist ihn an, Doktor Quirini als Dank für seine Ehrlichkeit nach seinem Tode seinen schönsten Wagen und seine besten zwei Pferde zu vermachen.

Dann, nachdem er alle nötigen Verordnungen erlassen hatte, die sein edles Herz ihm gab, nahm himmelwärts sein schöner Geist den Flug.

Den Satz notiert Lorenzo Da Ponte einige Stunden später, als die Morgensonne über den Dächern der Stadt aufgeht und er wieder an seinem Tisch sitzt.

Kapitel 40

Constanze ist in Baden, um ihr Bein zu kurieren. Mozart ist eifersüchtig, weil auch dieses Mal sein Schüler Franz Xaver Süßmayr dort ist. Wolfgang schreibt: *Dem Süßmayr gib ein paar tüchtige Ohrfeigen von mir oder Dem Süßmayr schick ich ein paar gute Nasenstüber und Schopfbeutler und Der Süßmayr soll mir endlich schicken, wonach ich begehrt habe und mich stets am Arsch lecken.*

Die Briefe enden immer mit den Worten: *Ich küsse dich tausend Mal und bin ewig dein, dich liebender Mann Wolfgang Amadé Mozart.*

Tag und Nacht sitzt er an seinem Schreibtisch und komponiert. Auf der bequemen, gepolsterten Bank neben dem Tisch liegt nun schon den dritten Tag in Folge Da Ponte, weint oder führt Monologe über den verstorbenen Kaiser.

»Wie kannst du so gleichgültig sein und einfach so weitermachen, als wäre nichts gewesen? Hat dir denn unser Monarch nichts bedeutet?«

»Tut mir leid. Zu viele Noten. Viel zu viele Noten sind in meinem Kopf, dass ich ernsthaft trauern könnte.« Mozart weist ihm den Weg zur Türe, »aber könntest du vielleicht einmal in die Küche gehen und nachsehen, ob du etwas zu essen findest?«

Lorenzo schüttelt den Kopf, verlässt den Raum und kehrt kurz darauf mit leeren Händen zurück. »Keine Frau im Haus. Kein Essen im Haus.« Er lässt sich wieder auf das Sofa fallen. Mozart ist in die Komposition seiner neuen deutschen Oper vertieft und hat wenig Interesse an einer Unterhaltung, was Da Ponte allerdings nicht wirklich kümmert.

»Sie werden mich rauswerfen«, spricht er, mehr mit sich selbst als mit seinem Freund, »seine Majestät war der Einzige, der stets die schützende Hand über mich hielt. Ich werde eine Lobschrift über ihn verfassen und sie zur Krönung seines Nachfolgers vortragen.«

»Da wirst du dich aber beliebt machen«, wirft Mozart ein.

»Ist mir egal. Ich bleibe ihm treu, ich habe es ihm am Totenbette versprochen.« Und dann nach einer kurzen Pause: »Wieso hast du ihn denn nicht geliebt? Wieso trauerst du nicht um ihn?«

Mozart legt seine Feder zur Seite, dreht sich zu Da Ponte und sagt: »Hör mich. Ich habe nicht einmal um Maria Theresia getrauert, und bei der bin ich auf dem Schoß gesessen und habe sie abgebusselt. Ich kenne sie alle, diese Monarchen. Ich habe sie von London bis Paris und Wien getroffen. Keiner hat mir je eine vernünftige Anstellung angeboten, alle haben applaudiert, obwohl sie nicht einmal ein C von einem D unterscheiden können. Niemand von ihnen hat je etwas für mich getan. Auch nicht dein Joseph, denn – ich darf dich erinnern – mein lieber Da Ponte, er hat den Figaro abgesetzt, Don Giovanni als *für die Wiener zu fortgeschritten* abgetan und Cosi fan tutte nicht einmal besucht. Er hat sich selbst auf seinen Grabstein gravieren lassen: *Hier liegt ein Fürst, der trotz bester Absichten, keinen seiner Pläne umsetzen konnte.* Ihm möchtest du deine Zukunft anvertrauen? Davon abgesehen hat der neue Kaiser sechzehn Kinder, da wird sicher das eine oder andere Musikunterricht benötigen. Ich sehe Verdienstmöglichkeiten aufkommen.«

Gerade als Da Ponte ansetzt, um seinen verstorbenen Kaiser zu verteidigen, klopft es an der Tür. Da Ponte öffnet. Im Türrahmen knapp hinter ihm steht eine große Gestalt in schwarzer Kutte und aufgesetzter Kapuze. Man erkennt einzig die Nase und den Mund. Aber selbst die kommen Wolfgang nicht bekannt vor. Er steht auf, verbeugt sich und begrüßt den Fremden. Da Ponte drängt zwischen Türrahmen und dem Fremden hinaus und war verschwunden.

»Guten Tag, mein Herr. Mit wem habe ich das Vergnügen?«

»Ich habe bereits mit Ihrer Frau gesprochen und eine Anzahlung für einen Kompositionsauftrag hinterlegt«, sagt der Mann. Wolfgang bittet ihn, sich zu setzen. Der Gast lehnt ab.

»Das Requiem. Richtig.« Mozart wird blass. »Ich habe begonnen, es zu komponieren. Darf ich fragen, wer der Auftraggeber ist?«

Der Mann zieht einen weiteren Beutel mit Münzen aus seinem Mantelsack: »Sie dürfen fragen, ich aber muss nicht antworten. Hier ist die zweite Anzahlung. Wenn Sie es fertiggestellt haben, bekommen Sie noch einmal so viel, wie Sie bisher bekamen. Ich bin in vier Wochen wieder bei Ihnen.«

Der Fremde verlässt die Wohnung so schnell, wie er gekommen war.

Mozart setzt sich. Ihm ist heiß und kalt zugleich. Er fühlt sich matt, antriebslos. Die Notenblätter schiebt er zur Seite. Er schleppt sich erneut in die Küche und sucht nach Lebensmitteln, die er ohne Zubereitung, ja roh essen könnte. Mit leerem Magen kehrt er an seinen Tisch zurück.

Mozart sollte sich freuen, einen Beutel mit Geld erhalten zu haben, doch das Glücksgefühl bleibt aus. Tag und Nacht arbeitet er. Er nimmt einen frischen Bogen Papier und schreibt an Constanze. *Ich kann dir nicht sagen, was ich geben würde, wenn ich, anstatt hier zu sitzen, bei dir in Baden wäre. Welch traurige Stunden ich hier verlebe – es freut mich auch meine Arbeit nicht, weil ich es gewohnt bin auszusetzen und ein paar Worte mit dir zu sprechen. Gehe ich ans Klavier oder singe ich etwas aus der Oper, muss ich gleich wieder aufhören. Es macht mir zu viel Empfindung. Ich kann dir meine Gefühle nicht erklären, es ist eine gewisse Leere, die halt weh tut. Ein gewisses Sehnen, das nie befriedigt wird, folglich nie aufhört, immer fortdauert, ja von Tag zu Tag wächst. Erstaune – ich habe meine Uhr aufgebracht, leider hatte ich allerdings keinen*

Schlüssel, um sie aufzuziehen. Ich habe dafür die große Uhr auf-
gezogen. Ich küsse dich tausendmal und sage in Gedanken mit dir:
Tod und Verzweiflung waren sein Lohn. Dein, dich ewig liebender
Mann, W.A. Mozart.

Kapitel 41

Der neue Kaiser hat den Thron bestiegen: Leopold II. Jetzt geht es darum, sich zu positionieren. Die Ersten der Wiener Gesellschaft, die es schaffen ihn für sich zu gewinnen, sind in den engen Zirkel aufgenommen und sichern damit nicht nur ihre Position für die Zukunft ab, sondern entscheiden auch, wer neben und unter ihnen stehen wird. Wer Vertrauen hat, hat auch die Macht der Beeinflussung. Wer es als Erstes, auch unter Einsatz seines Geldbeutels, geschafft hat zum Kaiser vorzudringen, ist Johann Thorwart, der Vizedirektor und Finanzchef der Oper, geboren als einfacher Sohn eines Bierverkäufers, inzwischen Besitzer mehrerer Häuser in Wien.

Für Da Ponte sieht es nicht so gut aus. Sein Loblied auf den verstorbenen Kaiser Joseph II. wurde von seinem Thronfolger nur nach außen wohlwollend zur Kenntnis genommen. Kaum eine Oper hat in der letzten Zeit ohne ein Libretto Da Pontes und eine Titelrolle der Ferrarese stattgefunden. Das soll nun geändert werden. Da Ponte interveniert bei Direktor Orsini-Rosenberg für eine Vertragsverlängerung seiner Muse und schlägt im Gegenzug vor, die Lieblingssängerin Salieris in Pension zu schicken. Der Intendant leitet die Idee prompt an Salieri und alle Beschäftigten der Oper weiter.

Die Ferrarese ist empört und macht Da Ponte eine Szene: »Was für ein Stümper bist du? Anstatt zum Kaiser direkt zu gehen und dafür zu sorgen, dass ich auch in Zukunft noch auf der Bühne stehe, sprichst du Orsini an, der stets auf allen Seiten spielt? Wie stehe ich jetzt da?« Ihr übergroßer Kopf läuft hochrot an, ihr mächtiger Busen bebt, und die Hände zittern vor Zorn.

Lorenzo fürchtet, dass sie mit dem schweren Messing-Kerzenständer nach ihm werfen würde. Da Ponte ist ein zarter Mann, drahtig und schlank: »Geliebte, die Wolken ziehen sich zusammen, ich sehe ein Unwetter auf mich zukommen.« Er bittet vorsichtig um Mitleid, doch die Ferrarese kennt keine Gnade: »Das sehe ich auch kommen, Lorenzo. Und zwar von mir, wenn du nicht augenblicklich zum Kaiser gehst.«

Da Ponte ist entschlossen, beim neuen Herrscher vorgelassen zu werden, wenn es notwendig sei, würde er auch eine Woche in dessen Vorzimmer sitzen bleiben. Alles ist besser, als mit leeren Händen zu einer wild gewordenen Ferrarese zurückzukehren. Kaum die erste Wache der Wiener Hofburg passiert, trifft er auf Thorwart, der gerade von seiner Majestät kommt. Der Finanzdirektor der Oper hasst Da Ponte, weil Lorenzo seine Betrügereien niemals verhehlte.

»Da Ponte!«, ruft Thorwart, »wohin sind denn Sie des Weges?«

»Ich muss jetzt den Kaiser ersuchen, mir zu Gerechtigkeit zu verhelfen!«

»Warum so aufgebracht? Kommen Sie, kommen Sie. Gehen wir zunächst auf einen kleinen Spaziergang«, sagt Thorwart, nimmt ihn am Arm und geht mit ihm hinaus auf den Michaelerplatz. »Tun Sie das nicht, Sie wissen ja überhaupt gar nicht, was im Hintergrund alles abläuft. Hören Sie mir zu, und behandeln Sie meine Worte vertraulich: In den nächsten Tagen wird Orsini-Rosenberg seine Entlassung erhalten, ein neuer Direktor der Hofoper ist bereits bestimmt, und der Kaiser hat zahlreiche Reformen geplant. Wenn Sie jetzt, ohne irgendetwas zu wissen, zu seiner Majestät stürmen, ziehen Sie sich seinen Unmut zu. Sie wollen sich dem Kaiser doch nicht ungeneigt machen, oder?«

»Natürlich nicht«, antwortet Da Ponte »aber ich muss mich verteidigen, Salieri will mich vom Hof jagen, Rosenberg bringt das ganze Theater gegen mich auf, und diese verrückte Ferrarese macht mir zu Hause die Hölle heiß.«

»Seien Sie nicht töricht. Halten Sie die Beine still. Noch. In ein paar Tagen schon können Sie mit dem neuen Direktor der Hofoper alles besprechen und dann – im Wissen der Zustimmung des Direktors – auch seiner Majestät ihre Aufwartung machen«

Zwei Tage später bereut Da Ponte, auf Thorwart gehört zu haben. Der neue Direktor des Burgtheaters heißt Bussani und hat als ersten Akt ein Betretungsverbot für Da Ponte für die Hofoper ausgesprochen. Lorenzo steht vor verschlossenen Türen und ist außer sich. Eine Situation, die er unmittelbar darauf nochmals erlebt, als er zu Mozart nach Hause kommt und auch dort vor verschlossenen Türen steht. Es ist neun Uhr abends und das Haus der Mozarts verdunkelt. Mozart stand selbst vor zwei Stunden vor diesen verschlossenen Toren, da er – im Kampf mit den organisatorischen Feinheiten eines Lebens ohne seine Frau – seinen Schlüssel nicht finden konnte. Mozart ging ins Theater an der Wieden.

Dort ist gerade die Vorstellung von *Der dumme Gärtner aus dem Gebirge* zu Ende gegangen. Schikaneder begrüßt ihn herzlich: »Mozart, du bist hier. Das heißt, du hast unsere Oper fertig?«

»Nein, ich muss eines nach dem anderen machen. Am sechsten September habe ich in Prag die Uraufführung einer Oper *La Clemenza di Tito*, anlässlich der Krönung Leopolds des Zweiten, am dreißigsten September bist dann du dran mit deinem ägyptischen Märchen.« Mozart hat es gern, die Belange aufzuzählen.

Schikaneder runzelt die Stirn: »Wieso bist du denn dann da und nicht an deinem Tisch und schreibst?«

»Erstens habe ich Hunger, und zweitens brauche ich einen Schlafplatz.«

Schikaneder ist besorgt. »Hat man dich rausgeschmissen? Hast du die Miete nicht bezahlt?« »Nein«, sagt Mozart »ich habe mich ausgesperrt, und der Hausmeister öffnet nicht, also komme ich erst morgen wieder in meine Wohnung.«

Schikaneder ist erleichtert und führt ihn hinter das Theater, wo ein grünes Häuschen aus Holzbrettern steht. Gerade so groß, dass darin ein Bett, ein Tisch und zwei Sesseln Platz finden. Er sperrt es feierlich auf und verkündet: »Bitte schön. Dein neues Heim. Zumindest für eine Nacht.«

»Wieso hast du hinter deinem Theater diese Hütte aufgebaut?«, fragt Mozart.

»Zwei Gründe«, erklärt Schikaneder, »erstens möchte ich manchmal nach dem Theater nicht mehr nach Hause gehen, und zweitens muss ich mich ab und an hier verstecken.«

Wolfgang setzt sich auf die Bettkante und testet die Matratze.

»In Regensburg gibt es eine Magd, die behauptet, ein Kind von mir zu haben, und noch ein paar andere Damen, die die gleiche Geschichte erzählen. Sie müssen sich alle gegen mich verschworen haben. Nun ja – in jedem Fall sucht man mich jetzt dort. Wenn mir also eine von ihnen zu Hause auflauert, kann ich mich in diesem Häuschen verstecken.«

Mozart schüttelt den Kopf, Schikaneder sperrt die Hütte wieder zu, und beide gehen in die benachbarte Gastwirtschaft, wo das halbe Ensemble des Freihaustheaters bei Speis und Trank sitzt, um die Vorstellung zu feiern. Mitten in der Runde sitzt ein junges Mädchen, das Wolfgang bekannt vorkommt. Er stellt sich vor sie, verschränkt seine Arme und deutet mit dem Zeigefinger: »Dich kenne ich.«

Schüchtern steht sie auf und sagt: »Ich Sie auch, Herr Mozart. Ich durfte vor fünf Jahren die Barbarina in *Figaros Hochzeit* singen.«

»Die kleine Nannerl«, ruft Mozart aus. »Du bist ja richtig groß geworden.«

»Damals war ich zwölf. Jetzt bin ich siebzehn.«

»Das dürfte doch einen Unterschied machen«, sagt er und setzt sich zu ihr.

Maria Anna Gottlieb ist nicht groß, hat goldblonde Locken und befragt Mozart zu seiner neuen Oper am Freihaustheater. »Es geht um alles, das es auf der Welt gibt. Widersprüche und Gegensätze.« Mozart schenkt sich ein Glas Wein ein. »Frau und Mann, Körper und Seele, Feuer und Wasser, Hass und Liebe, Rache und Verzweiflung, Leben und Tod.«

Auf einmal mischt sich Schikaneder in das Gespräch: »Und es geht um die Liebe. Wolfgang, du hast sicher schon irgendetwas komponiert. Bitte gib uns eine Kostprobe!«

Die Gruppe stimmt in die Aufforderung mit ein. Etwas widerwillig setzt sich Wolfgang ans Klavier und singt:

Dies Bildnis ist bezaubernd schön,
Wie noch kein Auge je gesehn!
Ich fühl es, wie dies Götterbild
Mein Herz mit neuer Regung füllt.
Dies Etwas kann ich zwar nicht nennen,
Doch fühl ich's hier wie Feuer brennen.
Soll die Empfindung Liebe sein?
Ja, ja! Die Liebe ist's allein!

Seine Augen bleiben während des Gesangs auf Nannerl Gottlieb hängen, deren Gesicht langsam errötet. Die Gruppe applaudiert, Schikaneder umarmt Wolfgang.

Seine Gedanken schweifen weg und er hat ein schlechtes Gewissen. Er denkt an Constanze, die allein in Baden im Bett liegt und wieder gesund werden soll.

Mozart verbeugt und verabschiedet sich in seine kleine Holzhütte auf der anderen Seite der Straße. Die junge Sopranistin

hingegen bleibt auf ihrem Platz sitzen und sieht Wolfgang verträumt nach.

Was bleibt, sind die letzten Takte und ihr Klang.

Die Liebe ist's allein.

Kapitel 42

Am nächsten Morgen kehrt Wolfgang in seine Wohnung zurück, wo ihn ein Brief aus England erwartet. Der Prince of Wales hat Robert Bray O'Reilly, Operndirektor aus London, angewiesen, Herrn Kapellmeister Mozart anzubieten, für ein halbes Jahr nach England zu kommen, um dort mindestens zwei italienische Opern zu komponieren. Das Honorar betrüge zweitausendvierhundert Gulden. All seine finanziellen Sorgen wären zu Ende. Mozart legt den Brief zur Seite und denkt an Joseph Haydn. Er hat das Angebot, nach London zu gehen, angenommen. Ob es Thomas Attwood war, sein ehemaliger Schüler, der heute Organist in der St.Paul's Cathedral ist, der diese Möglichkeit für ihn geschaffen hatte? Oder Papa Haydn? Für ihn ist es ein Leichtes gewesen, nach London zu gehen, er hat eine Frau zu Hause, vor der man nur davonlaufen kann. Wolfgang kann sich nicht vorstellen, ohne Constanze zu leben. Ein Umstand, der sich mit der Zeit geändert hat. Früher war sie es, die ihm am Rockzipfel gehangen ist, während er seiner Wege nachging, erfolgreich und überall begehrt war. Heute, da er ums Überleben kämpft, überall verschuldet ist, niemand mehr seine Konzerte sehen möchte und er sich klein und unbedeutend fühlt, braucht er Constanze mehr als alles auf der Welt. Den Tag sitzt er allein an seinem Tisch, bis ihn der Hunger forttreibt und schreibt all die Noten, die in seinem Kopf unaufhörlich zu entstehen scheinen, auf Papier. Wie eine ewig sprudelnde Quelle, die niemals versiegt, hört er Melodien und Töne. Ist er in Gesellschaft anderer, fühlt er sich noch leerer als in den vielen Stunden, in denen er allein vor seinen Notenblättern sitzt. Spricht jemand zu ihm, werden die Wörter zu einer wabernden Suppe aus Buchstaben, die sich ganz langsam, wie in kochendem Wasser aufzulösen scheinen. Er sitzt nickend da, versucht Interesse vorzutäuschen, überlegt aber tief drinnen nur, wie er so schnell wie möglich die Situation beenden könnte, um einfach zu gehen. Als unzuverlässiger Schuldner droht es ihm, demnächst verklagt zu werden. Mozart will nicht mehr reden, sich bemühen, sich bewerben. Sein ganzes Leben ist er Sicherheit und Anerkennung nachgelaufen. Nie hat er sie bekommen. Er will nur an den Busen seiner Frau. Den Brief aus London faltet er wieder sorgsam zusammen und legt ihn unter einen Stoß Papiere und Bücher.

Just an diesem Tage sucht ihn Da Ponte auf und berichtet ihm voll Entsetzen: »Der Pförtner der Oper ließ mich nicht mehr ins Haus. Er bekam Anweisung des neuen Direktors, ich dürfe das Theater nicht mehr betreten. Ich habe alle Welt zum Feind. Intendanten, Minister, Kapellmeister, Hofkompositeure, Schauspieler. Angeblich wurde sogar eine eigene Broschüre gedruckt, die nur Anklageschriften gegen mich zum Inhalt hat. Wolfgang, gehe mit mir fort. Wir haben viele Freunde in London. Dort wird man uns schätzen und nicht so schändlich behandeln wie hier in Wien.« Mozarts Blick fällt auf den Stoß mit Papieren und Büchern, unter dem seine Einladung nach England liegt. Er lässt sie dort liegen, denkt nach, atmet tief: »Wir haben keinen Auftrag in London. Was sollen wir dort? Genauso kämpfen und hungern wie in Wien? Nur bei Regen?«

»Nancy Storace ist dort.« Da Ponte versucht ihn zu überzeugen, aber es hilft nichts.

Am Ende umarmt ihn Mozart und sagt: »Du hast recht. Es gibt zwei Gründe, weshalb du dringend die Stadt verlassen musst. Erstens zieht sich die Schlinge rund um das Theater um deinen Hals und das könnte gefährlich werden. Zweitens musst du vor der Ferrarese flüchten.« Da Ponte unterbricht: »Ich habe letzte Nacht sogar allein in einem Treppenhaus genächtigt. Sie könnte einen Anschlag auf mich verüben. Mich erschlagen, verprügeln oder erdrücken!«

Mozart fährt fort: »Verlasse jetzt die Stadt. Geh nicht weit. Irgendeine Herberge ein paar Kilometer außerhalb und warte, bis sich alles beruhigt. Nach einigen Wochen kehrst du zurück und die Situation wird sich gebessert haben.«

Mozart begleitet ihn auf die die Straße. Sie umarmen einander. Möglicherweise das letzte Mal.

Kapitel 43

Auf die Prager ist Verlass. Wenngleich *La Clemenza di Tito* anlässlich der Krönung Leopolds des Zweiten zum König von Böhmen von Hof und Adel mit gemischten Gefühlen aufgenommen wurde, hat das Volk die Aufführung gestürmt. Auf der Rückfahrt sitzt Mozart neben Constanze in der Kutsche. Franz Xaver Süßmayr, ihnen gegenüber, blickt verträumt aus dem Fenster. Wolfgang umarmt seine Frau, mit der linken Hand hält er die ihre. Sein Schüler hat sich in den letzten Wochen auffallend viel um Constanze gekümmert. Überall, wo sie war, war er nicht weit.

Mozart sagt: »Man muss es dem Adel nachsehen, wenn er unberührt von Musik bleibt. Das sind Menschen, die generell unberührt bleiben müssen. Zwar haben sie Ansehen und Geld, aber am wichtigsten fehlt es ihnen. An der Liebe.«

Constanze dreht den Kopf zu ihm, er fährt fort: »Das Geschenk, das wir beide von Gott bekamen, bleibt jedem am Hof für immer verwehrt. Eine Heirat aus echter Liebe.«

Süßmayrs Blick wandert von der Landschaft des böhmischen Frühherbstes auf Constanze.

Mozart spricht: »Sie haben zwar Geld, Macht und Einfluss, aber werden über Generationen mit Menschen verheiratet, die sie gar nicht mögen. Schlimmer noch! Mit Verwandten, die man gar nicht mögen kann! Aber …« – er macht eine Pause und sieht ein paar Rehe auf einer Waldlichtung. Mit gedämpfter Stimme vollendet der den Satz – »… die Liebe ist's allein.«

In Wien erwartet ihn Schikaneder mit einer großen Portion Ungeduld. Die Proben zum *Ägyptischen Märchen* müssen anfangen, und die Oper liegt noch immer nicht in der Endfassung vor.

Er steht in der Rauhensteingasse und erwartet die Kutsche. Als die drei aussteigen, kommt er auf sie zu und sagt: »Wolfgang Amadé Mozart, du wirst entführt. Du hast zehn Minuten, um das Notwendigste einzupacken und übersiedelst in mein Theaterhäuschen. Dort bleibst du so lange sitzen, bis wir die gesamte Oper haben. Sobald irgendetwas fertig ist, werde ich die Türe aufsperren, die Noten holen und sie dem Ensemble zum Proben geben.«

Mozart nickt, dann zu Süßmayr: »Du bist jeden Tag um zehn Uhr morgens beim Freihaustheater, holst meine Noten und kopierst sie.«

Constanze reicht ihm einen kleinen Koffer. Mozart umfasst ihr Gesicht mit beiden seiner Händen: »Komm mich jeden Tag besuchen. Oder: besser noch in der Nacht.«

Dann wendet er sich an Süßmayr: »Für dich ist es jetzt auch Zeit zu gehen. Du darfst mich noch begleiten, damit du weißt, von wo du jeden Tag die Noten abholen sollst.«

Die drei Männer gehen aus der Stadt.

Die Hütte hinter dem Freihaustheater ist nicht mehr als vier Meter lang und zwei Meter breit, besteht aus grünen Brettern, hat vier kleine Fenster, zwei an der Stirnseite und jeweils eines an der Breitseite. Ein Tisch, zwei Sessel, ein Bett. Ein Krug mit Wasser, einer mit Wein, eine Kerze, eine Feder, Tinte und leere Blätter wurden für Mozart vorbereitet.

Schikaneder öffnet die Tür mit den Worten: »Herzlich willkommen im Schloss des Schreibens. Ich wünsche viel Muße, keine Ablenkung und uns allen eine wunderbare Oper!«

Viermal am Tag gibt es Besuch. Am Morgen kommt Süßmayr und holt die Noten, drei weitere Male öffnet Schikaneder oder Maria Anna Gottlieb die Türe und bringen ihm zu essen. Die Siebzehnjährige mit dem Puppengesicht wird die Rolle der

Pamina singen. Es dauert fünf Tage, bis die Oper fertig geschrieben ist.

»Es war schon alles in meinem Kopf«, sagt Mozart zu Schikaneder.

Am Nachmittag wird er zur ersten Gesamtprobe wieder im Theater sein. »Jetzt gehe ich aber zu meiner süßen Frau nach Hause, die ich schon fast eine Woche nicht mehr gesehen habe.«

Vor ihrem Wohnhaus steht eine Kutsche. Mozart läuft eilig die Treppen hoch, kommt in die Wohnung, öffnet und sieht, wie Constanze, in Mantel und Hut, einen Brief an ihn auf die Ablage im Vorzimmer legt. »Wo gehst du hin?«, fragt Wolfgang.

»Ich fahre noch einmal für vier Wochen nach Baden. Der Arzt hat gesagt, ich brauche noch einige Behandlungen, um endlich wieder ganz gesund zu werden.« Wolfgang ist enttäuscht und auch wütend. Nichts hatte er sich mehr ersehnt, als endlich ein paar Tage allein mit seiner Frau zu haben. Sie kommt auf ihn zu und streichelt ihm die Wange: »Wolferl, wenn ich es jetzt schaffe, vollständig zu genesen, muss ich nicht mehr weg. Dann kann ich bei dir bleiben.«

»Vier Wochen? Du wirst gar nicht bei der Premiere meines Singspiels dabei sein können?« »Ich werde es mir danach ansehen. Ich verspreche es«, sagt sie, gibt ihm einen Kuss und verlässt die Wohnung. Vom Fenster aus beobachtet er, wie seine Frau in die Kutsche steigt, die sie weit weg von ihm bringt. Er sieht ihr nach, bis das Fuhrwerk nach links in die Himmelpfortgasse einbiegt und nicht mehr zu sehen ist.

Als Wolfgang am Nachmittag beim Freihaustheater auf der Wieden ankommt, sitzt die kleine Sopranistin traurig auf den Stufen vor dem Haus. Mozart setzt sich zu ihr. »Was ist denn los, Nannerl?«

»Ich kann es nicht, Herr Mozart«, antwortet Anna Maria Gottlieb.

»Was kannst du nicht?«

»Diese Arie – Ach, ich fühl's – …« Mozart setzt fort: »Ach, ich fühl's, es ist entschwunden. Ewig hing der Liebe Glück, nimmer kommt ihr Wonnestunden, meinem Herz zurück.«

»Genau«, sagt Anna, »mich berühren diese Worte und diese Musik so sehr. Ich kann es kaum singen.«

Mozart steht auf, reicht ihr die Hand und sagt: »Komm. Wir gehen in die Probe. Ich werde dir helfen, du wirst als Pamina berühmt werden und in die Geschichte eingehen.«

Voll Ruhe und Gelassenheit dirigiert Wolfgang diese erste Probe, hört die Musik, die er bisher nur aus seinem Kopf und von den sanften, leisen Tönen seines kleinen Clavichords kannte und spürt, ganz tief drinnen, heute etwas für die Ewigkeit geschaffen zu haben. Jetzt weiß er auch endlich, wie dieses Werk heißen soll:

Die Zauberflöte

Kapitel 44

Das Freihaustheater ist bis zum letzten Platz gefüllt. Flugmaschinen, Feuereffekte, Wasserfälle und ein spektakuläres Bühnenlicht sind vorbereitet, sämtliche Holzbänke im Parkett besetzt. Es sind Menschen aller Klassen und Stände, die eines gemeinsam haben: Es geht ihnen nicht darum, gesehen zu werden oder zu sehen, nicht um gesellschaftliche Anerkennung. Sie wollen unterhalten werden, einen schönen Abend und neue Musik hören.

Schikaneder selbst spielt den *Papageno* und hat sich bei der Gelegenheit auch die, mit Abstand, größte Rolle auf den Leib geschrieben. Mozarts Schwägerin Josepha Hofer, die älteste Schwester Constanzes, ist die *Königin der Nacht*. Die Rolle ihrer Tochter *Pamina* wird von Maria Anna Gottlieb gesungen, die hochgradig nervös hinter der Bühne auf und abgeht.

»Atmen nicht vergessen.« Wolfgang war bei einer Uraufführung noch nie so entspannt.

Auf dem Plakat zur Premiere steht: *Die Musik ist von Herrn Wolfgang Amadé Mozart, Kapellmeister und kaiserlich-königlicher Kammerkompositeur. Herr Mozart wird aus Hochachtung für ein gnädiges und verehrungswürdiges Publikum und aus Freundschaft gegen den Verfasser des Stücks, das Orchester heute selbst dirigieren.*

Es ist die erste Opernpremiere, zu der Wolfgang pünktlich erscheint, niemand muss ihn suchen, er ist ganz ruhig.

Drei Stunden vor Vorstellungsbeginn sind die ersten Gäste gekommen, um sich gute Plätze zu sichern. Im Freihaustheater muss keine Vorstellung auf das Erscheinen eines Kaisers warten. Pünktlich um sieben Uhr steht Wolfgang Amadé Mozart vor dem Orchester und gibt Einsatz für die ersten drei Schläge der Ouvertüre zur *Zauberflöte*.

Ein langer Ton, gefolgt von zwei kurzen. Es ist das Muster der freimaurerischen Zahl Drei, das sich durch die ganze Oper zieht, was aber nur die wenigsten im Publikum erkennen werden.

Auf das dreigestrichene f, die höchste Sopran-Höhe der *Königin der Nacht*, folgen die tiefsten Basstiefen des Sonnenpriesters *Sarastro*.

Widersprüche und Gegensätze. Ist es ein eindimensionales, kindgerechtes Märchen um die Entführung einer Prinzessin? Oder ist es ein artifizielles, hochkomplexes Initiationsritual? Eine Frage, die sich Millionen Menschen noch Jahrhunderte später beim Erleben dieser Oper stellen werden. Über eine Sache herrscht an diesem Abend der Uraufführung Einigkeit: Die Musik, die Wolfgang Amadé Mozart für diese Oper geschrieben hat, ist erfüllt von einem Zauber. Sie spiegelt die breite Vielfalt irdischer Existenz wider und erreicht überirdische Schönheit und Größe. Das Publikum ist elektrisiert, schwankt zwischen Hypnose und Ekstase.

In manchen Momenten ist es völlig still, die Menschen sitzen mit geweiteten Augen und offenen Mündern auf ihren Bänken, dann wiederum brechen sie unangekündigt in Jubel und Begeisterung aus und springen applaudierend auf. Immer und immer wieder müssen Mozart, Schikaneder und das Ensemble auf die Bühne kommen, um sich zu verbeugen. Es ist weit nach Mitternacht, als die Premierenfeier zu Ende geht und Wolfgang die siebzehnjährige Maria Anna Gottlieb über das Glacis zurück in die Stadt begleitet. Vor zwei Tagen war Neumond, daher liefert die kleine Sichel am Firmament kaum Licht. Vor dem Haus der jungen Sopranistin angekommen, stehen die beiden gegenüber. »Dieser Abend war das schönste Erlebnis meines Lebens«, sagt Nannerl Gottlieb schüchtern in Richtung Boden. Sie halten einander an den Händen. »Du bist siebzehn und wirst – im

Gegensatz zu mir – noch unendlich viele schöne Erlebnisse vor dir haben«, sagt Mozart.

»Wieso im Gegensatz zu Ihnen?«

»Das war mein Höhepunkt, Nannerl. Ich weiß, ich habe nicht mehr lange in dieser Existenz, aber ich bin glücklich. Ich habe alles gegeben, was ich in mir hatte.«

Er beugt sich nach vorne, küsst die linke, dann die rechte Hand des Mädchens.

Mozart verbeugt sich und verschwindet in die Nacht.

Kapitel 45

Die Kritiken in den Zeitungen sind ernüchternd. *Teure und aufwändige Effekte versuchen von einem schlechten Buch abzulenken,* steht geschrieben, *die Musik und das Dekor sind hübsch, der Rest eine unglaubliche Farce,* oder:

Die neue Maschinenkomödie, mit Musik von unserm Kapellmeister Mozart, die mit großen Kosten und vieler Pracht in den Dekorationen gegeben wird, findet den gehofften Beifall nicht, weil der Inhalt und die Sprache des Stücks gar zu schlecht sind.

Mozart liest Schikaneder die Artikel vor. Heute trifft Wolfgang das nicht so wie früher. »Wenn du Kritiker bist, hast du nichts zu tun, als andere zu kritisieren. Du musst niemals selbst etwas schaffen, dich selbst dem Wind der Beurteilung stellen. Du beurteilst nur, weil man dir die Möglichkeit dazu geschaffen hat. Es ist mir, lieber Schikaneder, völlig egal, was Eunuchen über die Liebe schreiben.«

Die Miene des Theaterdirektors erhellt sich. Er nimmt die Zeitungen und wirft sie ins Feuer. »Weißt du eigentlich, dass wir ausgebucht sind?«

Allein im darauffolgenden Monat wird *Die Zauberflöte* vierundzwanzig Mal vor ausverkauftem Haus gespielt. Es scheint, als würde diese Oper ein Sensationserfolg werden. Das Publikum kommt, unbeeindruckt von den Urteilen der Zeitungen, in Scharen.

Wenige Tage nach der Premiere schreibt Wolfgang seiner Constanze nach Baden:

Eben komm ich von der Oper. Sie war so voll wie allzeit. Was mich am meisten freut, ist der stille Beifall. Man sieht recht, wie sehr und immer mehr diese Oper steigt.

Während die ganze Stadt *Der Vogelfänger bin ich ja* singt, bessert sich auch langsam die finanzielle Situation der Mozarts. Die nächste Quartalszahlung vom kaiserlichen Hof kommt, die Einnahmen der Zauberflöte übersteigen alle Erwartungen, ein Teil des ungarischen Adels versichert Mozart eine Subskription von jährlich eintausend Gulden, und aus Amsterdam wird ihm ein noch höherer Betrag zugesagt, für den er nur wenige Stücke exklusiv komponieren müsste. Salieri und die Cavalieri besuchen mit ihm *Die Zauberflöte.* Beide versichern Wolfgang, wie gut ihnen nicht nur seine Musik, sondern auch das Buch gefiele. Salieri meint, die Oper »sei würdig bei der größten Festivität vor dem größten Monarchen aufgeführt zu werden«.

Mozart isst Schweinekoteletts, trinkt Wein und freut sich wieder seines Lebens. Bei der neunten Aufführung der Zauberflöte erlaubt er sich einen Spaß mit Schikaneder, der als Papageno auf der Bühne stets nur so tut, als würde er selbst das Glockenspiel betätigen. Mozart verspürt den unwiderstehlichen Drang, dieses Mal das Instrument nicht das Orchester spielen zu lassen, sondern es selbst zu tun. Zu verschiedenen Zeitpunkten, aber ganz sicher nicht dann, wann Schikaneder vorgibt, das Glockenspiel zu betätigen. Einmal zu früh, dann wieder absichtlich zu spät. Der singende und spielende Theaterdirektor blickt zu Wolfgang, durchschaut, dass sich Mozart einen Spaß mit ihm erlaubt und sagt, als Wolfgang einmal mehr zum falschen Moment zuschlägt, wortwörtlich: »Ach, halt's Maul!«

An Constanze schreibt Mozart noch am selben Abend: *Ich glaube, dass viele erst durch diesen Spaß erfahren haben, dass er das Instrument gar nicht selbst schlägt.* Nach wie vor arbeitet Mozart bis nachts um zwei und steht um vier wieder auf, um weiterzumachen. Im Moment instrumentiert er den dritten Satz eines Klarinettenkonzerts für Stadler und komponiert eine Freimaurerkantate, die sich mit dem ihn faszinierenden Gedanken, der

Gleichheit und Brüderlichkeit und der Gleichstellung aller Religionen befasst: *Die ihr des unermesslichen Weltalls Schöpfer ehrt, Jehova nennt ihn, oder Gott, nennt Fu ihn, oder Brama. Liebet mich in meinen Werken! Liebet Ordnung, Ebenmaß und Einklang! Liebet euch, euch selbst und eure Brüder!*

Einzig den Auftrag des vermummten Mannes verdrängt er. An dem Tag, als Constanze endlich aus Baden zurückkehrt, steht auch er wieder in der Wohnung und fragt: »Wann kann ich Ihr Requiem haben?«

Mozarts Pulsschlag erhöht sich. An diesen Auftrag wollte er nicht denken. Er stammelt, dass er gerade zwei große Opern fertiggestellt habe, aber jetzt an das Werk gehe. Spätestens im Dezember werde es fertig. Als der Mann die Wohnung verlässt, wird Mozart blass im Gesicht. Er sagt zu Constanze: »Hast du gehört? Er hat gesagt Ihr Requiem! Er meint meine Totenmesse. Ich wurde sicher vergiftet.«

Constanze beruhigt ihn, macht ihm eine große Kanne Tee und legt ihn zu Bett: »Es wird alles gut. Du bist nur überarbeitet. Du musst dich jetzt einfach mal erholen, Wolferl.«

Mozart schläft auch in dieser Nacht nicht gut. Er glaubt, Fieber zu bekommen. Um ein Uhr morgens wird er überraschend geweckt. Es klopft an der Türe. Da Ponte steht vermummt da und flüstert schnell und unverständlich vor sich hin. Wolfgang steht verschlafen im Türrahmen und versteht kein Wort. Er deutet ihm nur, hereinzukommen und bittet ihn, noch einmal von vorne anzufangen.

»Es ist fürchterlich. Ich tat, was du geraten, und habe mich in einer Herberge außerhalb der Stadt versteckt, dann kam die Polizei und führte mich wie einen Verbrecher ab.« Da Ponte ist völlig außer Atem. »Soeben ließen sie mich gehen, mit der Auflage unmittelbar das Land zu verlassen. Ferrarese und ich wurden gekündigt. Sie sucht mich jetzt auch. Unten wartet meine Kutsche nach Triest, ich wollte mich nur von dir verabschieden.«

Mozart nimmt seinen Freund in den Arm. Da Ponte fragt, ob sie einander wiedersehen werden. Wolfgang schwitzt. Er begleitet Da Ponte ein letztes Mal zur Tür und sagt nur: »Danke.«

Lorenzo Da Ponte stülpt sich die Kapuze seines Mantels über und läuft zu seiner Kutsche. Dass Mozart seine Frage nach einem Wiedersehen nicht beantwortet hat, fällt ihm erst auf, als die ersten Sonnenstrahlen des neuen Tages in seine Kutsche scheinen, er langsam erwacht und erkennt, dass all das kein Albtraum war. Er blickt auf den tief über den Feldern liegenden Nebel und spürt, dass er ganz von vorne anfangen muss. Schon wieder.

Es wird nicht das letzte Mal in seinem Leben sein.

Kapitel 46

Der Winter beginnt früh im Jahr 1791. Im November liegt Wien unter einer Schneedecke.

Mitte des Monats trägt Wolfgang Amadé Mozart das zweiundfünfzigste Einzelwerk dieses Jahres in sein Kompositionsverzeichnis ein. Die *Kleine Freimaurerkantate* ist vollendet. Ihre Uraufführung dirigiert Wolfgang bei der Lichteinbringung der Loge *Zur gekrönten Hoffnung*. Danach, im *Gasthaus zur silbernen Schlange*, trinkt er seinen Wein nicht mehr aus und fordert einen Logenbruder auf, seinen Krug zu leeren. Er sagt, er denke, dass es »sich bald ausmusiziert habe«.

Von dem Lokal in der Kärntnerstraße schleppt sich Mozart nur einen Häuserblock weiter in seine Wohnung in der Rauhensteingasse, wo ihn seine Frau mit den üblichen Worten »Na, wie war's, Wolferl?« begrüßt. Sie sieht, dass er friert. Ein heftiger Schüttelfrost hat ihn gepackt, und er legt sich mit Mantel, Schal und Schuhen ins Bett. Constanze deckt ihn mit einer zweiten Tuchent zu. In der Nacht bekommt er einen Schweißausbruch. Sein Bett ist nass, seine Kleidung klebt am Körper. Der Körper zittert. Am nächsten Morgen ruft Constanze Doktor Thomas Franz Closet, den Leibarzt der Mozarts. Er diagnostiziert, dass Wolfgangs Gelenksrheuma in ein Entzündungsfieber übergegangen ist. Der Arzt verordnet Brechmittel, kalte Umschläge und Aderlässe von zwei bis drei Liter Blut pro Woche. Eine fatale Behandlungsmethode, die die Situation für Wolfgang verschlimmert. Seine Beine und Hände schwellen bis zur Unbeweglichkeit an. Aufstehen oder gar Schreiben wird unmöglich. Draußen hat es drei Grad, in der Wohnung ist es nur unmerklich wärmer. Wolfgang bittet Constanze, seinen Schüler Franz-Xaver Süßmayr zu holen, den er anweist, Tisch und Stuhl an sein Bett zu tragen, sowie Notenblätter und Feder vorzubereiten. Mozart sagt ihm Note für Note des Requiems an. Constanze schlägt vor, alles auf seinem Clavichord nachzuspielen, was Mozart nicht für nötig hält. Er hat die gesamte Komposition in seinem Kopf fertiggestellt und weiß genau, wie sie klingt. Immer wieder spricht er das *Lacrimosa* des Requiems laut vor sich hin:

Lacrimosa dies illa
Tränenreich ist jener Tag,
Qua resurget ex favilla
an welchem auferstehen wird aus dem Staube
Judicandus homo reus.
zum Gericht der Mensch als Schuldiger.
Huic ergo parce, deus,
Gewähre ihm Schonung, Gott,
Pie Jesu Domine.
treuer Herr Jesus.
Dona eis requiem. Amen.
Schenke ihnen Ruhe. Amen.

Als Schikaneder vorbeikommt, um ihm zu erzählen, dass bereits mehr als zwanzigtausend Menschen *Die Zauberflöte* gesehen hätten und die gedruckten Noten dazu Woche für Woche ausverkauft wären, lächelt ihn Wolfgang müde an und drückt ihm die Hand. Schikaneder kündigt an, bald wieder zu kommen, um nach ihm zu sehen.

In einem seiner letzten Briefe an seinen Vater, schreibt Mozart, *dass der Tod der wahre Endzweck des Lebens sei und er sich deshalb mit diesem, besten Freunde des Menschen angefreundet hätte.*

Jahrelange Arbeit in seiner Freimaurerloge hat ihn auf diese, seine eigene Endlichkeit vorbereitet. Anfang Dezember schöpft

Constanze noch einmal Hoffnung. Die Schwellungen sind zurückgegangen, das Fieber ebenso. Sie hofft, dass die kalten Umschläge und die Aderlässe Wirkung zeigen und erhöht die Intensität der Behandlungen.

Am nächsten Morgen wacht Mozart nicht mehr auf. Er schläft Tag und Nacht durch. Süßmayr schlägt vor, einen Priester für die letzten Sakramente kommen zu lassen. Kein Gottesmann erklärt sich dazu bereit, da Mozart nicht persönlich darum gebeten hatte. Mozart wird das nicht weiter stören. Er war zeitlebens sowieso nur in der Kirche gewesen, weil er sich auf den Wirtshausbesuch danach freute.

Tag und Nacht sitzt Constanze an seinem Bett und weicht ihm nicht mehr von der Seite. Ihre Schwester Sophie kommt jeden Tag zu Besuch und steht ihr bei. Kurz vor Mitternacht am 4. Dezember 1791 öffnen sich noch einmal seine Augen. Er sieht Constanze, die seit Stunden seine Hand hält. Mit letzter Kraft drückt er die Hand drei Mal. Jedesmal Drücken steht für ein Wort.

Ich.
Liebe.
Dich.

Kurz vor ein Uhr morgens, am 5. Dezember 1791, hören die trommelnden Kopfschmerzen nach drei Wochen plötzlich auf. Auch das Frieren scheint vorbei zu sein. Aus der Entfernung hört er Geigen spielen. Bald stimmt ein Chor mit ein. Auf Mozarts Gesicht erscheint ein friedliches Lächeln. Constanze nimmt ihn in den Arm.

Der Chor singt seine Komposition des mittelalterlichen Reimgebets »Ave verum corpus«.

Jesu Fili Mariae, O Jesus, Sohn Marias – Miserere mei, Hab Erbarmen mit mir – Amen.

Er hört Millionen Töne, Noten, Instrumente und Stimmen. Zeitgleich.

Alles, was er je in seinem Leben komponiert hat, ist hier in absoluter Perfektion in einem Werk vereint.

»Da kommt also die ganze Musik her!«

Das sind die letzten Worte Wolfgang Amadé Mozarts in diesem Leben.

Dann geht er in das große, warme Licht.

ENDE

@MOZARTBOOK

Instagram

www.mozart-der-roman.at